Architektur

neues
Wien

D1699339

neues
Wien
Mark Steinmetz

Wiener Baukultur 1996–2006
mit einem Vorwort von Peter Scheifinger

Verlagshaus Braun

Inhalt | Contents

6 Vorwort Peter Scheifinger I Foreword Peter Scheifinger

8 **Innere Stadt** I **Wieden** I **Margareten** I **Mariahilf** I
Neubau I **Josefstadt** I **Alsergrund**
Fabios I Büro- und Geschäftshaus K47 I Wiener Urania
Generalinstandsetzung I Albertina – Entrance Area – Soravia Wing I Albertina Café Restaurant I Studiengebäude
Albertina I Café im Palmenhaus I Historisches Museum
der Stadt Wien I Kunsthalle Wien – project space I Bar-
Restaurant Naschmarkt Deli I Ray 1 I k-effects I twist tower I Dachaufbau Gumpendorfer Straße I Club Passage
I Bar Italia I GIL 1 I Konzeptstore PARK I A1 Lounge I Yellow I Hauptbücherei Wien am Gürtel I Penthouse Bernardgasse I LOOP Music.Bar I Hörsaalzentrum Universitätscampus I Dachaufbau Spitalgasse I.Schauspielhaus
mit S-Bar I Wohnbau Spittelau

38 **Museumsquartier**
MUMOK I Leopold Museum I MQ-Point Ticketcenter Mu-
seumsQuartier I Prachner Kunstbuchhandlung I Glacis
Beisl MQ I MQ 21 I Electric Avenue

46 **Landstraße** I **Favoriten** I **Simmering**
Lauder Chabad Campus I Millennium Tower – Zentrum
Handelskai I SEG Wohnblock Remise I Messe Wien I
StudentInnenwohnheim Molkereistraße I Wohnbau Pra-
terstraße I RiesenRäderwerk I Wohnhausanlage Odeon-
gasse I Speditionsgebäude Firma DHL- Danzas I UNIQA-
Tower I Generali – Media Tower

62 **Meidling** I **Hietzing** I **Liesing**
Geologische Bundesanstalt Wien I Restaurant Kiang III I
Hotel Hilton – Sanierung, Zu- und Umbau I Wohn- und
Bürohaus Schlachthausgasse I Vienna Biocenter 2 I T-
Center St. Marx I Veranstaltungszentrum Arena und
Open-Air-Gelände I Gasometer Simmering I Entertain-
ment Center Gasometer „Pleasure-Dome" I Erdberger
Steg I Bank Austria Filiale am Leberberg I Gartensiedlung
Neues Leben I Wohnanlage Paulasgasse I Selbstbau und
Selbstbestimmung I Wohnhausanlage Laaerberg I Wohn-
haus Siccardsburggasse I Außenstelle des Stadtgarten-
amtes Wien 11 I ÖBB Stellwerk ZSTW Wien Süd-Ost I
IP.ONE I Garten der Kinder am Erlachplatz – Kinderta-
gesheim der Stadt Wien I LEE Sozialer Wohnbau I Wohn-
bau Laubeplatz I Geriatriezentrum im Kaiser-Franz-Josef-
Spital I Coca-Cola Beverages I Twin Tower I City Lofts
Wienerberg I Wienerberg City I Flughafenerweiterung
Skylink I Bürogebäude Objekt 64 I Tower Flughafen Wien

96 **Penzing** I **Rudolfsheim-Fünfhaus** I **Ottakring** I
Hernals I **Währing** I **Döbling**
Bürohaus_r12 I Wohnhausanlage Rotenmühlgasse I
Büropenthouse Meidlinger Hauptstraße I SI+ I Haus
Hackenbuchner I Einfamilienhaus in spe I SGL single I
mo.na I Perfectastraße, Wien Liesing I Wohn- und Ge-
schäftshaus Perfektastraße I Wohnbau Autofabrikstraße

108   **Leopoldstadt** | **Brigittenau**
Wohnhausanlage Linzerstraße | IP.TWO | Erweiterung der Wiener Stadthalle | Wien West | Um- und Zubau Büro- und Fitnesscenter Hütteldorferstraße | Sargfabrik – Wohnheim Matznergasse | Miss Sargfabrik | parkhouse | Brotfabrik | mcs – Büro-, Geschäfts- und Werkstattgebäude | Einfamilienhaus DRA | Hauptwerkstätte MA48 | Einfamilienhaus SPS | Wohnhaus Lukschandel | Appartementwohnhaus Delugstraße | Zentrum Evangelische Kirche Österreich | Haus_L | rooftop 02 | Tee-Haus | Wohnhausanlage Cobenzlgasse | Wohnhaus Himmelstraße 13 | Unterirdisches Hallenbad

134   **Floridsdorf** | **Donaustadt**
Kirche Donaucity | Mischek Tower Donaucity | Wohnpark Neue Donau | Saturn Tower | SEG Wohnturm | Wohnanlage Cassinonestraße | Wohnanlage Leopoldauer Straße | Haus Hofbauer | Compact City | Kindertagesheim Frauen-Werk-Stadt | Merkur Brünnerstraße | Volksschule Natorpgasse | Apotheke zum Löwen von Aspern | Kindertagesheim der Stadt Wien | AHS Heustadelgasse | Hauptschule Wien-Essling

154   Objektregister | Index of projects

156   Architektenregister | Index of architects

Vorwort

Die Konkurrenz der Metropolen Mitteleuropas ist schon längst ausgerufen und kennt keine Grenzen. Weder geographische noch politische noch ökonomische. Keine Hauptstadt entzieht sich. Wien auch nicht. Und das ist gut so. Denn der Motor der resultierenden städtebaulichen Entwicklung generiert in der Folge eine Vielzahl von architektonischen Äußerungen. Und die beleben, machen neugierig. ■ Wie gut ist es jetzt, unvoreingenommen oder wohl informiert ins Architekturrennen zu gehen. Sie haben die Wahl: weiterlesen oder sich gleich auf die architectour machen. Den Wegweiser dazu halten sie jedenfalls schon in Händen. ■ Bis vor einigen Jahren war Stadterweiterung das Thema in Wien. Ökonomischer Aufwand und steigende Kosten für fehlende Infrastruktur ließen jedoch die politischen Absichtserklärungen umschlagen. Und schon war die Stadterneuerung au dem Plan. Stadtstrukturbereinigend und kostengünstiger. Mittlerweile sind es wieder Stadtteilgründungen, die Perspektiven bilden und neue Entwicklungen begründen. Die Spuren der resultierenden architektonischen Reaktion bilden ein vernetztes Wegesystem, an dessen Rändern unterschiedlichste Wahrnehmungen möglich werden und Stadtbewohner wie Tourist betreffen. Die Sicht ist geprägt: von Hochhäusern im wienerischen Maßstab mit wienweitem städtebaulichem Konzept und den Konflikten der UNESCO-Zonen des Wiener Weltkulturerbes; vom kommunal geförderten Wiener Wohnbau mit sozialer Ausgewogenheit statt Segregation; von den großen neuen Bahnhöfen; vom Donaustrom als Verkehrsträger europäischer Bedeutung und mit den flussregulierenden Gebieten Alter Donau und Neuer Donau als Naherholungsraum; vom Nationalpark Donauauen und vom mehr oder weniger wienumschließenden Grüngürtel mit Wiener Wald und UNESCO-Biosphärenpark. ■ Wien war immer schon ein gesellschaftlicher Schmelztiegel. Während der Monarchie und umso mehr in Zeiten der Demokratie globaler Prägung. Zurzeit residieren hier gleich drei universitäre Architekturausbildungsstätten. Studenten und Absolventen werden mehr und mehr international. Und das ist gut so. ■ In der Stadt und zwischen den Zeilen eines Architekturführers und seiner solitären Projektpräsentationen gibt es noch viel zu entdecken. Auch für Wiener.

Peter Scheifinger

Foreword

The metropolises of central Europe have long been rivals and there are no limits; neither geographical nor political, nor economic ones. No capital city shies away from the competition. Vienna included. And that's a good thing, because the driving force of the resulting urban development is expressed in many different architectural styles that revitalise inner city areas and arouse curiosity. ■ What a good idea it is to join the architectural race now, without prejudice and based on sound information. You have the choice of either reading on or setting out right away on an architectural tour. You are already holding the guide in your hands. ■ Until a few years ago, the extension of the city of Vienna was on the agenda. Economic expense and increasing costs for the lack of infrastructure led to political declarations of intent. And this marked the start of plans to revitalise the city. To improve its infrastructure and reduce costs. Now, the focus is on the establishment of new districts that offer fresh perspectives and constitute the basis for new developments. Evidence of the resulting architectural response exists in the form of a networked route system whose boundaries enable diverse perceptions and affect both the city's inhabitants and its tourists. The skyline is characterised by high-rise buildings on the typical Vienna scale with a city-wide urban development concept and the conflicts of the zones in Vienna that UNESCO has declared as world cultural heritage sites; by municipal housing construction projects in Vienna which offer social equilibrium instead of segregation; by the new, large-scale railway stations; by the river Danube as a transport route of European significance and the river control zones with recreation sites of the Old Danube and the New Danube; by the Donauauen National Park and by the green belt that more or less encircles the city, with the Vienna Forest and the UNESCO Biosphere Park. ■ Vienna was always more than a social melting pot, both during the monarchy and, to an even greater extent, during the era of global democracy. Three universities in Vienna have departments of architecture. The students and graduates are becoming increasingly internationally-oriented. And that's a good thing. ■ There are many things to discover in the city and between the lines of an architectural leader and his solitary project presentations. And this also applies for Vienna's citizens.

Peter Scheifinger

Innere Stadt
Wieden
Margareten
Mariahilf
Neubau
Josefstadt
Alsergrund

Fabios

Tuchlauben 6

In bester innerstädtischer Lage ist ein Restaurant der gehobenen Kategorie mit 140 Sitzplätzen an klassisch gedeckten Tischen und einem Lounge-Bar-Bereich entstanden. Prämisse der Planung war es, diese beiden Bereiche eigenständig wirken zu lassen, ohne jedoch eine Kommunikation, sowohl architektonisch als auch durch die Nutzer, zu behindern. Eine klare räumliche Organisation, die Wahl weniger, aber edler Materialien sowie eine durchdachte Lichtführung ermöglichen es, die unterschiedlichen Bedürfnisse nach Öffentlichkeit oder Rückzugsraum zu erfüllen. Der Wintergarten zeigt sich extrovertiert zur Stadt, andererseits gibt es durch Trennwände geschützte Plätze. ■ Die architektonische Gestaltung ist reduziert und zurückhaltend, jedoch weder kühl noch neutral, sondern spricht sämtliche sinnliche Komponenten an.

A gourmet restaurant with classically-set tables to seat 140 guests and a lounge bar zone was built at a prestigious inner-city location. The planning premise was to make these zones appear to be independent of one another without impairing either architectural communication or user communication. Clearly organised space, the selective use of materials and an ingenious lighting concept enable the building to satisfy the different needs of publicness and seclusion. The conservatory faces the city in an extroverted style, while the seating areas are shielded by partitioning walls. ■ The architectural design is reduced and subtle, yet it is neither cold nor neutral. On the contrary, it appeals to all the senses.

Architekten |
architects:
BEHF Ziviltechniker GmbH, Wien

Bauherr |
builder-owner:
Fabio Giacobello
Restaurations-
beteiligungs-
& Betr. GmbH

Bauzeit |
construction time:
2002

Foto | *photo:*
Rupert Steiner,
Wien

Büro- und Geschäftshaus K 47

Innere Stadt
1. Bezirk

Franz Josefs Kai 47

Architekten |
architects:
henke und schrei-
eck Architekten,
Wien

Bauherr |
builder-owner:
Zürich Versiche-
rungs AG

Bauzeit |
construction time:
2001–2003

Foto | *photo:*
Margherita
Spiluttini, Wien

Das siebengeschossige Bürohaus K 47 wird umhüllt von beweglichen, raumhohen und satinierten Weißglasla-mellen, die das Gebäude als einen homogenen, ab-strakten Kubus erscheinen lassen. Diese reliefartige, durchscheinende zweite Schicht vermittelt maßstäblich und atmosphärisch zur Putzarchitektur der umgebenden Gründerzeitbebauung. ■ Das vom Bürokörper abgelöste und darüber schwebende Penthouse setzt ein markan-tes Zeichen im historischen Kontext und erschließt op-tisch auf höherer Ebene den gesamten Stadtraum. ■ Die geschlossene Fassade wird durch gezielte Einschnitte aufgebrochen, die einen Einblick in den bauplastisch stark ausformulierten Innenhof bieten und somit eine Kom-munikation mit dem Straßenraum ermöglichen.

The seven-storey K 47 office building is surrounded by mobile, room-height and satinated white glass lamellas which give the building the appearance of being a ho-mogeneous, abstract cube. This relief-like, transparent second layer conforms to the scale and atmosphere of the plaster architecture of the surrounding Gründerzeit buildings. ■ The penthouse, which hovers above the building structure as a separate entity, is a distinctive symbol from an historical perspective and provides a vi-sual high-level link to the rest of the city. ■ The shutted facade is interspersed with specifically positioned gaps which provide an insight into the architecturally stark in-ner courtyard and enable communication with the street zone.

Wiener Urania
Generalinstandsetzung

Uraniastraße 1

Innere Stadt
1. Bezirk

Die 1909 bis 1910 von Max Fabiani erbaute Urania, benannt nach der Muse der Astronomie und älteste Sternwarte Österreichs, wurde einer Generalsanierung unterzogen, um den veränderten Ansprüchen der Nutzer Rechnung zu tragen und die technischen Einrichtungen zu erneuern. ■ Die über die Jahre errichteten Zubauten wurden aufgrund des hohen Platzbedarfs erhalten, jedoch „überarbeitet" und in das Gesamtkonzept eingepasst. Hauptaugenmerk lag auf der ursprünglichen Planung, die – so weit möglich – sichtbar gemacht werden sollte. Das Dachgeschoss wurde umgebaut, eine Konstruktion aus Stahlträgern bildet einen funktionalen, trennbaren Mehrzweckraum, der sich in die vorhandene Hülle einpasst, ohne die Firstlinie zu überschreiten. ■ Genutzt wird das Gebäude nach wie vor als Sternwarte, aber auch als Kino und durch das Volksbildungswerk. Funktionen wie Bibliothek, Vortragssäle, Büros und eine Cafeteria ergänzen das Raumangebot.

General renovation work was carried out at the Urania building to adapt it to the changed needs of users and replace technical installations. ■ The extensions, which had been added over the years, were retained owing to high space requirements. However, they were "reworked" and integrated into the overall concept. The main objective was to make the original design as visible as possible. The roof space was converted and a steel girder structure was used to create a functional multipurpose room that can be partitioned off. ■ The building is still used as an observatory, though it also houses a cinema, library, lecture hall, offices and a cafeteria.

Architekten |
architects:
Dimitris Manikas,
Wien

Bauherr |
builder-owner:
Stadt Wien

Bauzeit |
construction time:
2000–2003

Foto | photo:
Rupert Steiner,
Wien

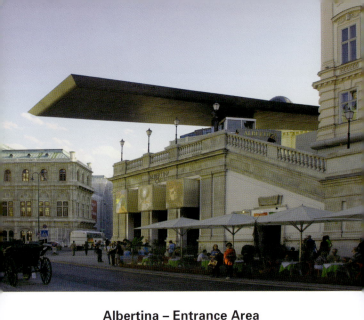

Albertina – Entrance Area
Soravia Wing

Innere Stadt
1. Bezirk

Augustinerstraße 1

Architekten |
architects:
Hans Hollein, Wien

Bauherr |
builder-owner:
Soravia Bauträger
GmbH

Bauzeit |
construction time:
2002–2003

Foto | *photo:*
Sandy Panek,
Wien

Die umfangreichen Restaurations- und Umbauarbeiten an der Albertina haben mit dem weit sichtbaren Zeichen der Erneuerung, dem mit eloxiertem Aluminium verkleideten Flügel, ihren Abschluss gefunden. Das 50 Meter lange und 15 Meter breite Flugdach schwebt, weit auskragend, acht Meter über dem neuen Eingang zur Albertina. Dieser wurde benötigt, um den enormen Höhenunterschied zwischen Straßenniveau und dem Haupteingang auf der Bastei zu überwinden. ■ Der Entwurf, als Siegerprojekt aus einem geladenen Wettbewerb hervorgegangen, sieht dazu eine Rolltreppenanlage mit Lift vor, die in die Bastei einschneidet und unter dem Vordach flankiert von Infoboxen endet. Die Bastei wurde bis auf ihre Außenmauern ausgehöhlt sowie mit Serviceeinrichtungen, Shop und Cafés ausgestattet.

The extensive restoration and conversion work at the Albertina have created a visible landmark of renewal with anodised aluminium-clad wings. A 50 metres long and 15 metres wide shed-type roof extends to a distance of eight metres out over the Albertina's new entrance. It was installed to bridge the extreme height difference between the street level and the main entrance on the bastion. ■ The design that was chosen as the winner from all the invited entries submitted to the jury envisaged an escalator with lift that cuts into the bastion and ends underneath the porch, flanked by information boxes. The bastion was hollowed out until only the external walls remained, and service facilities, a shop and cafés have now been installed there.

Albertina Café Restaurant

Albertinaplatz 1

Die Verlegung des Haupteingangs der Albertina zurück zum ursprünglichen Eingang auf die Bastei bietet die Möglichkeit des Zugangs zum Café-Restaurant über das neue Foyer und über den auf der Bastei liegenden Gastgarten. Eine bestehende nebengeordnete Achse des Palais verbindet diese beiden Punkte miteinander; ein langer, schmaler Raum entsteht. ■ Das Entree des Cafés teilt diesen in zwei Funktionsbereiche: die Showküche mit den notwendigen Nebenräumen und den Bar- und Restaurantbereich, der von einem marmorverkleideten Bartresen dominiert wird. Ihm gegenüber, an der Bestandswand verlaufend, sind die Tische angeordnet. Die Verwendung von Edelhölzern, Marmor und Leder sowie die gezielt gesetzte Beleuchtung unterstreichen das edle Ambiente.

The relocation of the main entrance of the Albertina back to its original position on the bastion provides access to the café restaurant via the new foyer and via the guest garden on the bastion. An existing, subordinate axis of the palace unites these two points with one another to create a long, narrow room. ■ The entrance of the café divides this room into two functional zones: the show kitchen plus necessary ancillary rooms and the bar / restaurant zone, which features an eye-catching marble clad bar. Opposite the bar – running along the wall – are the tables. The use of fine woods, marble and leather and specific lighting underlines the Albertina's special atmosphere.

Architekten | *architects:*
Arkan Zeytinoglu, Wien

Bauherr | *builder-owner:*
Albertina

Bauzeit | *construction time:*
2003

Foto | *photo:*
Angelo Kaunat, Graz

Studiengebäude Albertina

Innere Stadt
1. Bezirk   Albertinaplatz 1

Architekten |
architects:
Architekten Stein-
mayr & Mascher,
Wien

Bauherr |
builder-owner:
Burghauptmann-
schaft Österreich

Bauzeit |
construction time:
1998–2003

Foto | *photo:*
Anna Blau, Wien

In Anbindung an die Albertina entstand ein Neubauen-
semble, welches drei grundlegende Funktionen ein-
schließt: eine neue Ausstellungshalle, das Studien- und
Forschungsgebäude sowie ein Logistikzentrum. Auslö-
ser für die Planungen war der Hofburgbrand, der auf-
zeigte, dass die Exponate in den historischen Räumlichkeiten nicht ausreichend geschützt werden können. ■
Durch die enge funktionelle Verknüpfung wurde die In-
tegration des Studien- und Forschungsgebäudes in den
Komplex in Angriff genommen. Städtebauliche Grundi-
dee ist dabei die Schaffung eines Gartenhofes, der eine
optimale Belichtung ermöglicht. ■ Das Gebäude besteht
aus zwei Teilen mit jeweils vier Ebenen, von denen eine
für externe Besucher vorgesehen ist. Die anderen drei
Geschosse stehen dem internen Betrieb zur Verfügung.
Beide Teile sind über einen Lichthof miteinander verbunden, der den hinteren Gebäudeteil, der bereits unter
der Bastei liegt, belichtet. Sichtbeton, Glasflächen und
unterschiedlich gefärbtes Aluminium für die Dachflächen
sind die dominierenden Materialien.

The ensemble of new buildings houses a new exhibition
hall, the study and research centre and a logistics centre. The basic idea behind this municipal development
was to create a garden courtyard to optimise natural daylight illumination. ■ The building has two sections, each
with four storeys. One of the levels in each buildings is
envisaged for external visitors and three for internal staff.
An atrium unites the two sections and provides natural
lighting for the one at the back, which is located underneath the bastion. Exposed concrete, glass surfaces and
aluminium are the main materials used.

Café im Palmenhaus

Burggarten

Das Palmenhaus des Burggartens, 1901 bis 1907 er-richtet, wurde umgenutzt. Im Mitteltrakt findet sich nun das Restaurant gleichen Namens, flankiert von Schmet-terlingshaus und Orangerie. Sieben Palmen markieren die Hauptachse des Raumes mit seinen fast 15 Metern Höhe. Die Palmen sind jeweils von einem Möbel um-schlossen, das den Kellnern als Basisstation dient und Beleuchtungsträger ist. ■ Zwischen der Glasfassade zum Burggarten und der freigelassenen Gangzone, die auch für Modenschauen und andere Veranstaltungen nutzbar ist, sind die Tische des Restaurants situiert. An den Schmalseiten des Traktes liegen intimere Zonen mit Bar- und Loungecharakter. ■ Küche und Bar sind vor der mas-siven Rückwand aufgereiht. Diese ist mit einem beige-farbenen Gittermaterial verkleidet, welches die dahinter liegende Substanz durchscheinen lässt, aber auch als Projektionsfläche dient. Über dem Küchenbereich wur-de eine zweite Ebene eingezogen, die das Büro des Be-treibers ausbildet und von der aus sich der gesamte Raum überblicken lässt.

Seven palm trees mark out the main axis of the room. They are each surrounded by furniture units that serve as base stations for the waiters and incorporate lighting elements. ■ The restaurant's tables are located between the glass facade, which looks out onto the Burggarten park, and the aisle zone. More intimate lounge-like zones can be found on the narrow sides of the building section. ■ The kitchen and bar are strung out from the solid back wall. The material behind the panelling is visible through it and serves as a projection surface. A second floor for the café owner's office was built above the kitchen area.

Architekten |
architects:
eichinger oder
knechtl, Wien

Bauherr |
builder-owner:
B.+A. Böhm

Bauzeit |
construction time:
1998

Foto | *photo:*
Margherita
Spiluttini, Wien

Historisches Museum der Stadt Wien
Hofüberdachung und Aufstockung

Wieden
4. Bezirk

Karlsplatz

Architekten |
architects:
Dimitris Manikas,
Wien

Bauherr |
builder-owner:
MA 10 Museen
der Stadt Wien

Bauzeit |
construction time:
1998–2000

Foto | *photo:*
Alfred Schmid,
Wien

In den 1950er Jahren wurde nach der Planung des Architekten Oswald Haertl das Historische Museum der Stadt Wien errichtet. ■ Dieses wurde durch einen Umbau adaptiert, zusätzliche Räumlichkeiten wurden geschaffen. Der bis dato kaum genutzte Innenhof ist nun von einer Stahl-Glas-Konstruktion überdacht und fungiert als Halle für Ausstellungen und Veranstaltungen. Der Hof wurde unterkellert, hier entstanden Depoträume und Sanitäranlagen. Ein verglaster Aufzug erschließt über Brücken die Ausstellungs- und Verwaltungsgeschosse. ■ Sämtliche Fassaden des Hofes bleiben unangetastet, lediglich die Verglasung des Treppenhauses, ehemals aus Glasbausteinen, wurde ersetzt, der Erschließungskern öffnet sich nun zum Hof. Eine Aufstockung des östlichen Gebäudeteils nimmt zusätzliche Büroräume auf. Diese werden über eine in die Halle ragende Galerie erschlossen, die Asymmetrie des Hofes wird betont.

The museum, which was built in the 1950s, was adapted by way of conversion work and additional rooms were created. The inner courtyard is now covered by a steel and glass structure and functions as an exhibition and event room. The courtyard has a basement containing storage and utility rooms. A glass elevator provides access via bridges to the exhibition and administration floors. ■ All facades facing onto the courtyard remain intact. Only the glass of the stairwell has been replaced and the development core now opens up towards the courtyard. An extension has been added on top of the eastern section of the building to provide additional office space. The offices are accessed via a gallery that extends into the hall.

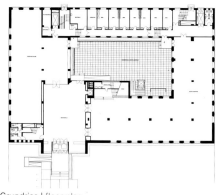

Grundriss | floor plan

Kunsthalle Wien – project space

Wieden
4. Bezirk

Karlsplatz / Treitlstraße 1–3

Architekten |
architects:
Architekten
Krischanitz & Frank
ZT GmbH, Wien

Bauherr |
builder-owner:
Verein Kunsthalle
Wien

Bauzeit |
construction time:
2001–2002

Foto | photo:
Sandy Panek,
Wien

Am zentralen Verkehrsknotenpunkt mitten in Wien, am Karlsplatz, ist ein Glaskubus entstanden, der sowohl Begegnungsstätte mit Café als auch Präsentationsraum für Kunst ist. ■ Die spiegelnde Glasoberfläche des Pavillons bilden rahmenlose, teilweise zu öffnende Fenstertüren, die einzig von einer dünnen Bodenplatte und einer Flachdachkante gehalten werden. Im Inneren gliedert sich das Gebäude in zwei Zonen: das Café mit Nebenräumen und die Ausstellungsfläche. ■ Die Ausstellungsfläche präsentiert sich straßenseitig zur Rechten Wienzeile dem vorbeifahrenden Publikum und lässt den Autofahrer flüchtige Einblicke ins Innere erlangen. Die Gastronomiefläche öffnet sich vom Straßenraum weg zur begrünten Terrassenzone und zum Karlsplatz hin. Verbindend zwischen diesen Bereichen ordnet sich die gemeinsam genutzte Nebenraumzone an.

The cubic glass pavilion that has been built on the Karlsplatz plaza is both a meeting place with café and a forum for the presentation of art. ■ The reflective surface of the glass on the pavilion consists of frameless windows, some of which can be opened, that are only supported by a thin floor plate and a flat roof-edge. Inside, the building is divided into two zones; the café with ancillary rooms and the exhibition area. ■ On the street side, the exhibition area presents itself to the public as they drive past on the right hand side of Wienzeile, and offers car drivers a fleeting glimpse of the interior. The restaurant area extends away from the street towards the plant-covered patio zone and the Karlsplatz plaza. These two zones are connected by a jointly-utilised ancillary room area.

Bar-Restaurant Naschmarkt Deli

Naschmarkt Stand 421

Wieden
4. Bezirk

Das Deli ist ein Lokal in einem ehemaligen Marktstand am Naschmarkt – diese wurden in einer einheitlichen Typologie gestaltet und dürfen in ihrer äußeren Hülle nur unwesentlich verändert werden. ■ Der Stand ist ein lang gestrecktes Rechteck, an dessen einem Ende sich die Sanitär- und Nebenräume befinden. Der übrige Teil des Gebäudes ist als großer Raum belassen, in dem Küche und Bar als offener Einbau aus Stahl und unbehandeltem Ahornholz stehen. Im Inneren gibt es 40 Sitzplätze, die in den Sommermonaten durch weitere Tische im Außenbereich ergänzt werden. ■ Der Boden wurde analog zum Gehsteigbelag des Marktes aus Bitumen mit eingestreutem Steinmehl gestaltet. An der Decke spannt sich ein Textilscreen mit aufgedruckten, stark vergrößerten Kaffeebohnen über dem gesamten Raum. Der Gastbereich ist von einem umlaufenden Fensterband umgeben, welches sich mittels hydraulischer Klappfenster zum Marktgeschehen hin öffnen lässt und Teil dessen wird.

The Deli, a former market stall, is long and rectanglular in shape with the necessary sanitary facilities and ancillary rooms at the end. The other part of the building has not been partitioned off and the kitchen and bar have been integrated as open-plan installations in steel and natural maple wood. The interior can accommodate 40 seated guests and additional tables are placed outside in the summer. ■ The floor covering looks like that of a market aisle and the ceiling features a tensioned textile screen printed with coffee beans. A ribbon window running around the entire guest zone opens up to the market.

Architekten |
architects:
Dietrich |
Untertrifaller
Architekten,
Bregenz

Bauherr |
builder-owner:
Kilicdagi und
Dogan
Gastronomie-
betriebs GesmbH

Bauzeit |
construction time:
2001

Foto | *photo:*
Ignacio Martinez,
Lustenau

Ray 1

Margareten
5. Bezirk   Mittersteig 10

Architekten |
architects:
Delugan Meissl
Associated
Architects,
Wien

Bauherr |
builder-owner:
Delugan Meissl

Bauzeit |
construction time:
2001–2003

Foto | *photo:*
Hertha Hurnaus,
Wien

Auf dem Flachdach eines Bürohauses aus den 1960er Jahren erstreckt sich zwischen den zwei Giebeln der angrenzenden Bebauung ein Dachaufbau, der dem Terminus „Dach-Landschaft" auf spektakuläre Weise gerecht wird. In Stahlskelettbauweise errichtet, mit Alucubondplatten verkleidet und aus den Giebellinien der Nachbargebäude entwickelt, entsteht durch Verbinden und Falten ein bewegter Baukörper, der die Bauordnung für Flachdachaufbauten für seine Zwecke ausreizt und interpretiert – ein fließendes Raumgefüge, das durch Einschnitte und Überlagerungen transparente Bereiche und intime Terrassen bildet. ■ Im Innenraum liegt ein großzügiges Loft, dessen Raumbereiche durch Höhendifferenzierungen und Auffaltungen unterschieden werden. Auf einer Zwischenebene befindet sich der Küchenblock, die Schnitt- und Schaltstelle im Zwischenraum von privatem und öffentlichem Bereich. Die Möblierung der Wohnung ist Teil der Architektur, sie wächst mit ihr zusammen und aus ihr heraus.

A superstructure has been constructed on the flat roof of an office building between the gables of the adjoining buildings to produce a "roof landscape" in the truest sense of the word. Connecting and folded elements make the building structure dynamic, as well as exploiting and interpreting building regulations for flat-roof superstructures. It is a flowing framework with recesses and overlapping to create transparent spaces and intimate patios. ■ Inside is a loft with zones that are defined by different heights and folds. The kitchen block is located on the mezzanine level and forms the interface between the private and public areas.

k-effects

Gartengasse 21

Der Umbau eines bestehenden Gewerbehofes für einen neuen Nutzer begann unter denkbar ungünstigen Umständen. Der Bauherr hatte mit den Arbeiten schon begonnen und der Eröffnungstermin war bereits fixiert, als der Architekt hinzugezogen wurde. Dessen Vorschlag war es, mit jederzeit austauschbaren Elementen zu arbeiten und ausschließlich rohe, unbehandelte Materialien zu verwenden. ■ Um eine möglichst große Flexibilität zu schaffen, wurden sämtliche Wandverkleidungen – Sperrholz, Eternittafeln, Heraklith- und Gipskartonplatten – sichtbar geschraubt. So benötigt es nur ein paar Handgriffe, diese zu entfernen und in den dahinter liegenden Hohlräumen Installationen zu verziehen, um damit auf eventuelle Nutzungsänderungen reagieren zu können. ■ Die vorhandenen Betonböden erhielten eine Beschichtung mit Epoxyharz oder einen neuen Belag aus Industrieparkett. Sämtliche Elektroinstallationen werden sichtbar in Kabeltrassen und Schläuchen geführt.

Architekten |
architects:
Georg Marterer,
Wien

Bauherr |
builder-owner:
Klaus Krall GmbH

Bauzeit |
construction time:
2000

Foto | *photo:*
Manfred Seidl,
Wien

The architect suggested working with exchangeable elements and the exclusive use of raw, untreated materials. ■ In order to ensure maximum possible flexibility, visible screw fixings were used on all plywood, Eternit sheeting, Heraklith and gypsum plasterboard wall cladding. As a result, it could be removed with ease in response to possible changes of use. ■ The existing concrete floors were coated with epoxy resin or furnished with a new covering of industrial parquet. All electrical installations were visibly routed in cable trays and hoses.

twist tower

Margareten
5. Bezirk   Schönbrunnerstraße 131

Architekten |
architects:
Architekturbüro
Driendl
driendl*architects,
Wien

Bauherr |
builder-owner:
Kallco Projekt
GmbH

Bauzeit |
construction time:
2001–2002

Foto | *photo:*
James Morris,
London

Zwischen zwei Altbauten im 5. Wiener Gemeindebezirk steht auf einer unregelmäßigen Parzelle das Bürohaus. ■ Straßenseitig werden sieben Ebenen übereinander gestapelt, deren Deckenplatten vor- und zurückspringen und dem Gebäude sein markantes Gesicht verleihen. Die Platten sind dabei mit Aluminium verkleidet und zerschneiden scheinbar die Glasfassade. Der Erschließungskern an einem Ende des Gebäudes bildet die Fuge zwischen altehrwürdigem Nachbargebäude und dem scheinbar tanzenden Twist Tower. ■ Im Hof finden sich zwei Atelierebenen in einem eigenständigen, ebenfalls aluminiumverkleideten Gebäude; eine Galerie im Erdgeschoss verbindet die Arbeit der Künstler im Hofbereich und den öffentlichen Bereich der Straße miteinander .

The office building is located between two old buildings on an irregularly-shaped plot of land in the 5th district of Vienna. ■ Seven floors are stacked one above the other on the road side. They feature protruding and recessed ceiling boards that provide the building with its distinctive look. The boards are clad with aluminium and appear to cut through the glass facade. The main access is at the end of the building at the junction between the historic neighbouring building and the apparently dancing Twist Tower. ■ Two studio floors are located in the courtyard in a separate building which is also clad in aluminium. A gallery on the ground floor forges a link between the artists' domain in the courtyard and the public area on the road.

Dachbodenaufbau
Gumpendorfer Straße

Gumpendorfer Straße 11–13

Mariahilf
6. Bezirk

Auf dem Dach eines Gründerzeithauses wurde ein moderner, lichtdurchfluteter Dachaufbau geschaffen, der, obwohl er sich über drei Geschosse erstreckt, aus der Perspektive der Straße kaum in Erscheinung tritt. ■ Der Grundtypus des Mansarddaches wird aufgegriffen und neu interpretiert. Brandschutzummantelte Stahlträger bilden das statische System, die äußere Hülle ist verglast oder mit einer hinterlüfteten Metallhaut überzogen, metallene bewegliche Lamellen übernehmen die Funktion des Sonnenschutzes. ■ Die Treppenhäuser und Kaminschächte des Bestandes werden im Aufbau weitergeführt, dazwischen werden die Teeküchen und Sanitäranlagen angeordnet. Die Büronutzung macht es möglich, die Allgemeinzonen der Geschosse mittels verglaster Deckenausschnitte zu verbinden und diese zusätzlich zu belichten. Dem Eckturm des Altbaus wurde ein gläserner Wintergarten aufgesetzt, in dem die Besprechungsräume mit Fernblick liegen.

Architekten | architects:
Arkan Zeytinoglu, Wien

Bauherr | builder-owner:
Wertinvest Immobilienverwaltungs-AG

Bauzeit | construction time:
2002–2003

Foto | photo:
Alexander Koller, Wien

A light-flooded roof extension has been built on top of a Gründerzeit building which is barely noticed from the street below. It is a brand new interpretation of a typical French roof. Fireproofed steel girders form the load-bearing system and the outer shell is either glazed or covered with a back-ventilated metal skin. ■ The stairs and chimneys in the existing building continue into the extension. They are interspersed with kitchenettes and sanitary facilities. The use of the extension as an office makes it possible to connect the communal areas on the floor via glass ceiling holes which also provide additional daylight illumination.

Club Passage

Burgring Ecke Babenbergerstraße

Architekten |
architects:
Söhne & Partner
Architekten, Wien

Bauherr |
builder-owner:
Sunshine
Enterprises
Musikproduktions
Gesmbh

Bauzeit |
construction time:
2003

Foto | *photo:*
Alexander Koller,
Wien

Die kühne Idee, die von leer stehenden Geschäften ge-
säumte ehemalige Fußgängerunterführung von der
Babenberger Straße unter dem Ring zum Burggarten
wiederzubeleben, wurde mit einem risikobereiten Bauherren belohnt, der einen außergewöhnlichen Ort für
einen neuen Club suchte. ■ Von der Straße sind nur die
vier gläsernen Abgänge zu sehen. Drei von ihnen wurden zum Beleuchtungskörper mit großen opaken Leucht-
zylindern umgenutzt. Nur noch eine der Zugangstreppen
führt als Eingang hinunter in den Clubraum. ■ Drei Bars
schmiegen sich an den zentralen Tanzbereich des Clubs
und zonieren den Raum. Entlang der Außenwände gruppieren sich Sitzmöbel, die in ruhigere Lounge-Zonen über-
leiten. Die primenförmigen Ausschnitte in der Stahlbe-
tondecke – ein Überbleibsel aus Unterführungszeiten –
beinhaltet die Beleuchtung des Raumes und verleiht ihm
sein prägnantes Erscheinungsbild.

A man looking for an unusual location for a nightclub
came up with the idea of revitalising a former pedestrian subway full of vacant shops. ■ From the street, only
the four glass exits are visible. Three of them have been
converted into lighting installations with large light cylin-
ders, and only one of the stairways serves as the entrance to the club. ■ Three bars surround the dance floor
and divide the room into zones. Seating groups leading
to the lounge zones are located along the outside walls.
The recesses in the reinforced concrete ceiling – a relic
from the club's days as a subway – house the lighting elements and provide the room with its highly distinctive
appearance.

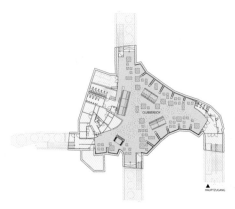

Grundriss | floor plan

Bar Italia / Lounge

Mariahilf
6. Bezirk

Mariahilferstraße 19–21

Architekten |
architects:
Arkan Zeytinoglu,
Wien

Bauherr |
builder-owner:
Bar Italia Gastro-
nomiebetriebs
GmbH,
Paul Bodner

Bauzeit |
construction time:
1997

Foto | *photo:*
Alexander Koller,
Wien

Die Espressobar an der Mariahilferstraße, unweit vom Museumsquartier, fällt von außen durch die rote Innenwandverkleidung und den gekonnten Umgang mit Holz und Leder für die Möblierung des Innenraumes auf. ■ In der Eingangsebene befindet sich auf der linken Seite der lang gestreckte Bartresen, der sowohl den straßenseitigen Gastgarten als auch die gegenüberliegende Ledercouch mit Stehtischen bedient. Dieser wird von einem Betonelement gefasst, das den Raum zoniert und den Gast weiter nach unten in den Keller leitet. Dort befindet sich, wie der Name des Lokals bereits verrät, unter alten Gewölbedecken ein loungiges Restaurant mit norditalienischer Küche.

The espresso bar on Mariahilferstrasse, close to the museum quarter, looks distinctive from the outside because of its red interior wall panelling and the clever use of wood and leather as interior furnishings. ■ The long bar is located on the left side on the entrance level. It serves both the guest garden on the side facing the street and the leather couch with stand-up tables on the opposite side. It is encased by a concrete element which creates room zones and guides guests further down into the basement. As the name of the bar suggests, the basement houses a lounge-like restaurant underneath old vaulted ceilings where northern Italian cuisine is served.

GIL1

Mariahilferstraße 49

Architektur als Hintergrund und unterstützendes Moment einer Modepräsentation: Die Fassade im Erdgeschoss wurde vollkommen zur Mariahilferstraße verglast, ein Stahlbügel trägt die Lasten der darüber liegenden Geschosse ab und akzentuiert den Eingang. ■ Die Ladenfläche auf Straßenniveau ist relativ klein, so dass der Blick schon beim Betreten des Geschäfts über die Treppe nach oben gleitet. Hier finden sich die beiden Haupträume, in denen sich der Bodenbelag, ein graues Linoleum, als dezenter Hintergrund der Mode an Wand und Decke fortsetzt. Korridore mit Umkleidekabinen aus vorgefertigten Polyester-Halbschalen und weiteren hochglänzend gelbgrün beschichteten Einbuchtungen, in denen Ware präsentiert wird, verbinden die Haupträume miteinander.

Architecture as a backdrop and supporting aspect of a fashion presentation. The ground floor facade facing Mariahilferstrasse is entirely glazed and has a steel frame to support the loads of the storeys above which accentuates the entrance area. ■ The shop zone at road level is relatively small so that visitors tend to look up the stairs when they enter the unit. This is where the two main rooms are located. The floors are covered in grey linoleum, as are the walls and ceilings, to create an unobtrusive background for the fashions. The corridors and changing rooms are made of pre-fabricated half-round polyester sections. Additional glossy, yellow-green coated recesses where the garments are displayed connect the two main rooms.

Architekten |
architects:
propeller z, Wien

Bauherr |
builder-owner:
DON GIL
Textilhandel AG

Bauzeit |
construction time:
2000

Foto | *photo:*
Margherita
Spiluttini, Wien

Konzeptstore PARK

Neubau
7. Bezirk   Mondscheingasse 18–20

Architekten |
architects:
SPACE+, Wien

Bauherr |
builder-owner:
Ruthner+Strasser
GesmbH

Bauzeit |
construction time:
2003–2004

Foto | *photo:*
SPACE+, Wien

Die Architektengruppe SPACE+ selbst beschreibt den von ihnen gestalteten Konzeptstore PARK mit dem klaren Statement: Neutrales Weiß bildet den Hintergrund für das Wesentliche! ■ So entstand in einem Seitenarm der Mariahilfer Einkaufsstraße ein zweigeschossiger weißer Raum mit Galerie, der den Nutzern eine Präsentation der ausgestellten Gegenstände vor einem neutralen Hintergrund ohne selbstinszenierende, ablenkende Formensprache ermöglicht. ■ Das Konzept des Geschäfts beinhaltet nicht nur den Verkauf von Mode junger Designer, sondern hat den Anspruch, die Auseinandersetzung mit Design und Kunst fast jeglicher Sparte zu fördern. So werden neben jungem Modedesign auch Printmedien, Industriedesign und Kunst angeboten und begleitend mit Empfehlungen der Designer zur Diskussion gestellt.

The SPACE+ firm of architects itself describes the PARK concept store that it designed with a clear statement: neutral white provides a background for the essentials! ■ A two-storey white room with gallery was created on a side road of the Mariahilfer shopping street to present the displayed objects to shoppers against a neutral background without any distracting shape elements. ■ The store concept not only includes the sale of young designer fashions, but also encourages visitors to consider design and art of all kinds. It is a forum for displaying designerware as well as print media, industrial design objects and works of art, accompanied by discussion recommendations from the designers.

A1 Lounge

Mariahilferstraße 60

Neubau
7. Bezirk

Das in der Einkaufstraße zwischen Westbahnhof und Museumsquartier gelegene Geschäft verbindet den Ausstellungsraum im Erdgeschoss mit einer Lounge / Bar im ersten Obergeschoss. Der Shopbereich ist durch sein kühles Erscheinungsbild geprägt. Opake, weiße und hinterleuchtete Fußbodenplatten und weiße Wände lenken den Besucher nicht vom Wesentlichen des Geschäftes ab – den auf Flachbildschirmen in der Mitte des Raumes präsentierten Produkten. Die lang gezogene, rampenartige Verbindung beider Funktionsbereiche wird multimedial mit Projektionen und Holographien für Produktpräsentationen genutzt. ■ Die Räume sind in sterilem, aber nicht unangenehmen Weiß gehalten, das die klare Formensprache der Innenraumgestaltung unterstreicht. Die im Obergeschoss befindliche Bar mit ihrer ganzverglasten Front zur belebten Mariahilferstraße ermöglicht es den Besucher, das bunte Treiben zwischen den Geschäften zu beobachten und sich entspannt zurückzulehnen.

The store unites an exhibition area on the ground floor with a lounge on the first floor. The shop zone has a wintry appearance. Floorboards with underfloor lighting and white walls do not distract the shoppers from the products that are presented on the flat screens. The ramp-like connection between the two functional areas is a multimedia zone with projections and holographs for product presentations. ■ The rooms are sterile white, which underlines the distinctive language of the interior architecture. The bar, with its glazed front, enables visitors to watch the hustle and bustle between the stores.

Architekten |
architects:
EOOS, Wien

Bauherr |
builder-owner:
Mobilkom Austria

Bauzeit |
construction time:
2004

Foto | *photo:*
Hans Georg Esch,
Wien

Yellow

Mariahilf
6. Bezirk

Mariahilferstraße 127

Architekten |
architects:
BEHF Ziviltechni-
ker GmbH, Wien

Bauherr |
builder-owner:
HU Cheng Long
KEG/Aaron Hu,
Wien

Bauzeit |
construction time:
2003–2004

Foto | *photo:*
Rupert Steiner,
Wien

Der Name des fernöstlichen Restaurants „Yellow" am Ende der Mariahilferstraße, nahe des Westbahnhofs gelegen, ist aussagekräftig wie kaum ein anderer Restaurantname. Die Farbgestaltung des Restaurants besteht im wesentlichen aus zwei Farben: gelb für das Restaurant mit seinen Nischen und Telefongrotten, dunkelgrau für die Bar. Ausnahme bilden die Toiletten sowie der „Special Room", in dem man liegend speisen kann – beide Räume sind mit einem roten Anstrich versehen. ■ Ein Verbindungsgang quer durch die Küche verbindet Restaurant und Bar miteinander. Der Gastbereich ist durch verschiebbare Wandelemente und Lichtnischen veränderbar. Obwohl die Straßenfassaden unverändert gelassen wurden, dringt der Innenraum durch die Glasscheiben hindurch – das Gelb scheint die Außenfront zu dominieren.

The name of the Asian restaurant, "Yellow", at the end of Mariahilfestrasse close to the Westbahnhof station, is more powerful than most other restaurant names. Its colour scheme is basically oriented on two colours: yellow in the restaurant area with its niches and telephone recesses, and dark grey for the bar. The only exception are the toilets and the "Special Room", where guests can consume their meals lying down. Both of these rooms are painted red. ■ A corridor straight through the kitchen unites the restaurant and bar. The guest area can be transformed by sliding wall elements and light niches. Although the street facade has not been changed, the interior is visible through the windows and yellow is the colour that is perceived most strongly from the exterior.

Hauptbücherei Wien am Gürtel

Urban-Loritz-Platz 2a

Neubau
7. Bezirk

Das neue Haupthaus der Wiener Städtischen Bücherei-en liegt zwischen den Fahrbahnen des Gürtels, zwischen zwei historischen Stadtbahnstationen von Otto Wagner sowie zwischen Innenstadt und äußeren Bezirken. In diesem Spannungsfeld bietet sich eine öffentliche Nutzung an, die in diesem Fall, verbunden über eine gemeinsame Eingangshalle, zusätzlich als Eingang zur U-Bahn fungiert. ■ Das 150 Meter lange Gebäude, in seiner Höhenentwicklung gestaffelt, kragt auf einer Seite aus, um Blickbeziehungen zwischen beiden Seiten des Gürtels zu schaffen. Das andere Ende wird bestimmt von einer großen Freitreppenanlage, an deren oberstem Punkt ein Café situiert ist, von welchem aus sich das Treiben dieses lebendigen Ortes in Ruhe betrachten lässt. ■ Die Fassaden sind mit Terracotta verkleidet und geschlossen gehalten, um einen wirksamen Schallschutz zu erzielen. Im Inneren jedoch wird das Gebäude über Erker, Lichthöfe und den verglasten, zweigeschossigen Lesebereich lichtdurchflutet.

Architekten |
architects:
Ernst Mayr, Wien

Bauherr |
builder-owner:
Stadt Wien / MA
13 – Bildung und
außerschulische
Jugendbetreuung

Bauzeit |
construction time:
1999– 2002

Foto | *photo:*
Manfred Seidl,
Wien

The new main building of Vienna Central Library is located between the lanes of the Gürtel traffic route, two historic metropolitan railway stations and between the city centre and the outlying districts. ■ It is staggered in height and extends outwards on one side to provide a view from one side of the belt to the other. At the other end is a large outdoor staircase leading to a café. ■ The facades are clad with terracotta and shutted to provide effective noise protection. Inside, however, the building is flooded with light.

Penthouse Bernardgasse

Neubau
7. Bezirk

Bernardgasse

Architekten |
architects:
Martin Wakonig,
Wien

Bauherr |
builder-owner:
privat

Bauzeit |
construction time:
2003–2004

Foto | *photo:*
Hertha Hurnaus,
Wien

Der aluminiumverkleidete Dachaufbau im 7. Wiener Gemeindebezirk, nahe dem Gürtel gelegen, schwebt mit leichter Eleganz über dem Gründerzeitbau. Bereits drei Ausbauversuche hatten stattgefunden bis ein neuer Bauherr, sich der Qualitäten der Lage bewusst, die Neugestaltung des Daches beauftragte. Die bereits aufgestellten Außenmauern und Gipskartonwände wurden kurzerhand wieder abgerissen und machten einem beeindruckenden Panoramablick vom Kahlenberg bis zum Zentrum Wiens Platz. Um dem Bauherren diesen Ausblick zu erhalten, wurde das Dach mit großzügigen, unregelmäßigen Glasflächen durchlöchert, welche das skulpturale Erscheinungsbild des Neubaus ausmachen. ■ Im Esszimmer auf der Eingangsebene sitzend lässt sich nun der Kahlenbergblick genießen. Wenn man die Treppe zum Studio hinaufgeht, blickt man in den Wohnraum und über die Stadt. Oben angekommen lässt sich die Glasecke mit zwei Schiebetüren öffnen und man sitzt am Dach über Wien.

The aluminium-clad roof extension hovers elegantly above the Gründerzeit building. Three extension attempts had already taken place when the building's owner commissioned the redesigning of the roof. The external walls, which were already in place, and the plasterboard walls were torn down to provide a panoramic view. ■ To preserve this view for the building's owner, panes of glass were fitted in the roof to create the sculpted appearance of the new building. Now, the dining room and staircase offer a view over Kahlenberg mountain.

LOOP Music.Bar

Lerchenfelder Gürtel, Bogen 26+27

Josefstadt
8. Bezirk

Eingefasst von der strengen Backsteinarchitektur der Stadtbahnbögen und den vorgeschriebenen Glasfassaden entstand im Zuge des 1997 begonnenen Revitalisierungsprojekts der Bögen der Otto Wagner Stadtbahn am Lerchenfelder Gürtel das LOOP. ■ Das „Gürtel-Lokal" gliedert sich in drei Bereiche: Die Bar-Zone im ersten Bogen, die Lounge-Zone im zweiten Bogen und die Nebenraumzone mit Küche. ■ Die Bar-Zone wird von der zentralen Ovalbar dominiert, die wie eine Skulptur von allen Seiten zugänglich in der Mitte des Raumes positioniert ist. Sie wird über einen schmalen, mit Sitznischen flankierten Gang mit der Lounge-Zone verbunden. Diese ist durch unterschiedliche Ebenen gemütlich-einladend zoniert. Zu beiden Seiten der Bögen laden Gastgärten zum Verweilen und Beobachten ein.

Integrated in the stark brick architecture of the metropolitan railway arches and the prescribed glass facades, LOOP was created as part of the revitalisation project on the Otto Wagner metropolitan railway line on Lerchenfelder Gürtel which began in 1997. ■ It is divided into three areas: the bar zone in the first arch, the lounge zone in the second arch and the ancillary rooms with kitchen. ■ The bar zone features a distinctive oval bar, which is positioned like a sculpture at the centre of the room and can be accessed from all sides. It is linked to the lounge zone via a small passageway, flanked by recessed seating groups. Different levels provide the lounge area with cosy and inviting zones. Guest gardens on each side of the arches are the perfect place to sit and watch the goings on.

Architekten |
architects:
g2plus,
grabensteiner
architecture,
Wien

Bauherr |
builder-owner:
Axel Bramo

Bauzeit |
construction time:
2000

Foto | *photo:*
Walter Reichl,
Wien

Hörsaalzentrum Universitätscampus

Alsergrund
9. Bezirk

Spitalgasse 4, Altes AKH Hof 2

Architekten |
architects:
ARGE Architekten
Altes AKH, Wien
kopper architektur,
zeininger
architekten

Bauherr |
builder-owner:
Universität Wien,
BIG Bundesimmo-
biliengesellschaft
mbH

Bauzeit |
construction time:
2001–2003

Foto | photo:
Sandy Panek,
Wien

In den Jahren 1995 bis 1998 wurde das Alte Allgemeine Krankenhaus, als Gebäudeensemble mit seinen Innenhöfen unter Denkmalschutz stehend, für die neue Nutzung der Anlage durch die geisteswissenschaftliche Fakultät der Universität Wien umgebaut. ■ Im Hof 2, der in der Leitplanung für das Gelände als Forum definiert wurde, erhebt sich ein zum Teil in die Erde eingelassener gläserner Kubus, der das Hörsaalzentrum in sich aufnimmt. Im Erdgeschoss, auf Hofniveau, betritt man die Galerie der abgesenkten Foyerebene. Der große Hörsaal ist als Raumform wie ein Schiffsrumpf im Trockendock frei eingestellt. Unter dessen Tiefpunkt schiebt sich im Untergeschoss der kleine Hörsaal. ■ Das Zentrum schließt über mehrere Zugänge an den bestehenden Altbau an, über Treppen und Rampen werden die Säle erschlossen. Erweitert wird das Gebäude im Untergeschoss, in dem sich auch eine Cafeteria befindet, durch einen Außenbereich. Er ist über eine Freitreppenanlage, die im Sommer für Veranstaltungen genutzt werden kann, mit der Hofebene verbunden.

The listed hospital building was converted for a new use by Vienna University's Faculty of Humanities. ■ Courtyard 2 contains a glass cube which houses the lecture centre. The ground floor is accessed via a foyer and, above this, is the large lecture hall. The small lecture hall is located at its deepest point in the basement. ■ The foyer is connected via various access points to the old building and the rooms are accessed via stairs and ramps. The building has also been extended in the basement to include an outdoor area that is linked to the courtyard level by an outdoor staircase.

Dachaufbau

Spitalgasse 25

Das Bauwerk als Dachgeschossausbau zu bezeichnen ist aus baurechtlicher Sicht zwar korrekt, eigentlich handelt es sich hier aber um ein Haus auf dem Haus. Der bestehende Dachstuhl wurde entfernt und ein Neubau aufgesetzt. ■ Die teilweise zweigeschossigen Wohnungen verfügen alle über eine eigene Terrasse und nutzen die markante Gebäudeform für eingehängte Galeriegeschosse, Ein- und Durchblicke. Sie sind zur Straße und zum Hof orientiert, so dass sie einerseits einen großartigen Ausblick bieten, andererseits aber auch die Intimität des Innenhofes nutzen. ■ Alle tragenden Bauteile sind aus Holz-Fertigelementen gefertigt, wodurch das Gebäude in der Rekordzeit von 14 Tagen auf der obersten Geschossdecke des bestehenden Hauses aufgebaut werden konnte. Um die Holzelemente vor Witterungseinflüssen zu schützen, wurden sie im Außenbereich mit elastomerem Polyester überzogen. Dieser erhielt einen hellblauen Anstrich und betont so die Form des Aufbaus.

This roof extension is a building on top of the building. The existing roof framing was entirely removed and a new construction with 13 residential units was built in its place. ■ The residential units, some of which are two-storey, all have their own patio and take advantage of the building's distinctive design for galleries with shed-type roofs, visual insights and perspectives. They face onto the street and the courtyard. ■ The building was constructed in pre-fabricated wooden elements in only 14 days. The elements were covered with elastomer polyester and painted pale blue to emphasise the individual shape of the extension.

Architekten |
architects:
Heinz Lutter, Wien

Bauherr |
builder-owner:
Con Value One
Immobilien AG

Bauzeit |
construction time:
2002–2003

Foto | *photo:*
W. Simlinger,
M. Ruttmann

Schauspielhaus mit S-Bar

Alsergrund
9. Bezirk

Porzellangasse 13

Architekten |
architects:
Dietrich |
Untertrifaller
Architekten,
Bregenz

Bauherr |
builder-owner:
Schauspielhaus
Wien

Bauzeit |
construction time:
2002

Foto | *photo:*
Bruno Klomfar,
Wien

Hinter der umgestalteten Erdgeschosszone eines Gründerzeithauses befindet sich das Foyer des Schauspiel-
hauses mit einer neuen offenen Raumfolge. Der Boden
ist aus geschliffenem Beton, das stilisierte Motiv einer
Schlangenhaut auf Textil prangt an der Decke, zur Straße
liegen beleuchtete Vitrinen. Dahinter, einige Stufen tiefer, bildet ein zur Gänze roter Raum den Zugang zum
Theater. ■ Über das Foyer betritt man die S-Bar, deren
Hauptraum die Elemente Betonboden und Schlangen-
motiv wieder aufgreift. Ein Tresen aus Beton und Stahl
ergänzt die Einrichtung. Mittels fünf hoher Korbbogen-
fenster öffnet sich dieser Raum zur Straße hin und wird
im Sommer durch einen Gastgarten im Freien ergänzt.
■ Durch Stahlblechtunnel und einige Stufen erschließt
man zwei unterschiedliche Gastbereiche: den klassi-
schen Gastraum, an Wand und Boden elegant mit dunklem Akazienholz verkleidet, und einen wiederum völlig
roten Raum als intime Lounge mit beleuchteten Vitrinen.

The foyer of the Schauspielhaus Theatre has been furnished with a new, open-plan concept. The floor is
made of polished concrete, the ceiling features a stylised
snakeskin motif and illuminated showcases face out onto the street. Behind them is a red room providing access to the theatre auditorium. ■ The S Bar, which also
features the main elements of a concrete floor and snakeskin motif, is accessed via the foyer. It looks out onto the
street through five high, three-centre windows and is
supplemented by a garden in summer. ■ Two different
guest areas – the classic guest room and an entirely red
lounge – can be accessed via a sheet steel tunnel and
several stairs.

Wohnbau Spittelau

Spittelauer Lände

Mehr als zehn Jahre wurde das Projekt am Donaukanal, über den Stadtbahnbögen von Otto Wagner, diskutiert und verändert. Das Grundstück, ein ehemaliges Bahngelände, galt als schwierig zu bebauen und liegt an einer der meistfrequentierten Einfahrtsstraßen nach Wien. ■ Der Entwurf sieht drei Baukörper vor, die sich als „zerrissenes Blatt" über dem Viadukt erheben und eine Vielzahl an Räumen und Raumsituationen bilden. Die Wohnungen, mit Mitteln der staatlichen Wohnbauförderung errichtet, sind größtenteils zum Donaukanal orientiert. In die darunter liegenden, unter Denkmalschutz stehenden Stadtbahnbögen sollen Bars und Restaurants einziehen und zur Belebung des Areals beitragen. Eine Bootsanlegestelle ist geplant, der Donauradweg soll wieder direkt unter dem Gebäude hindurchführen.

The plans for the project on the Danube Canal above the Otto Wagner viaduct were discussed and modified for over ten years. The plot of land, a former railway site, was considered to be difficult to develop and it is located on one of Vienna's busiest one-way streets. ■ The plans envisage three building structures which rise up above the viaduct like a "torn leaf" and provide many different rooms and room atmosphere effects. The apartments, funded by the state housing development association, all face onto the Danube Canal. Bars and restaurants are to move into the railway viaduct, which is a protected monument, to revitalise the area. A mooring point for boats is planned, and the Danube cycle path is to pass directly underneath the building again.

Architekten |
architects:
Zaha Hadid
Architects,
London (UK)

Bauherr |
builder-owner:
SEG

Bauzeit |
construction time:
2003–2005

Foto | *photo:*
Sandy Panek,
Wien

MQ - Museumsquartier

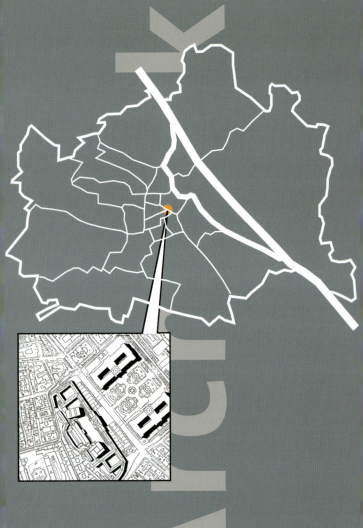

MUMOK

Museumsplatz 1

Neubau
7. Bezirk

Das Museumsquartier ist eines der weltgrößten Kulturareale. Auf dem Gelände der ehemaligen Hofstallungen, Anfang des 18. Jahrhunderts errichtet, später als Messeareal genutzt, finden nun vielfältigste Kulturinitiativen, durchsetzt mit Cafés, Restaurants und Shops, ihre neue Heimat. Ortner & Ortner sowie Manfred Wehdorn waren die führenden Architekten bei der Errichtung der Neubauten und der Sanierung der Bestandsgebäude. ■ Das MUMOK – Museum moderner Kunst – steht als grauer Monolith im Hof des Ensembles. Wände und Dach sind einheitlich mit Basaltlava verkleidet, Fensteröffnungen treten als schmale, in das Verlegemuster der Platten integrierte Schlitze in Erscheinung; lediglich ein Panoramafenster wurde im oberen Geschoss angeordnet. ■ Der Eingang liegt vier Meter über Hofniveau und ist über eine breite Freitreppe erreichbar. Die Eingangshalle im Inneren erstreckt sich über die gesamte Gebäudehöhe, wird von oben belichtet und teilt das Gebäude in zwei Raumgruppen, die über eingehängte Stege miteinander verbunden sind.

The MUMOK – Museum of Modern Art – is a grey monolith in the museum district. The walls and roof are clad in basalt lava, and the windows are narrow slits integrated in the pattern of the lava slabs. Only one panorama window has been incorporated in the upper storey. ■ The entrance is four metres above the courtyard level and accessed via a wide outdoor staircase. The inside entrance hall extends up to the top of the building and is illuminated from above. It divides the building into two room groups which are linked via hanging walkways.

Architekten |
architects:
Ortner & Ortner,
Wien

Bauherr |
builder-owner:
Bund und Stadt
Wien, Museums-
Quartier Errich-
tungs- u. Betriebs-
gesellschaft mbH

Sommermöbel |
summer furniture:
PPAG Popelka
Poduschka, Wien

Lichtinstallation |
light installation:
Sigrun Appelt,
Wien

Bauzeit |
construction time:
1998– 2001

Foto | photo:
Sandy Panek,
Wien

Leopold Museum

Neubau
7. Bezirk

Museumsplatz 1

Architekten |
architects:
Ortner & Ortner,
Wien

Bauherr |
builder-owner:
Bund und Stadt
Wien, Museums-
Quartier Errich-
tungs- u. Betriebs-
gesellschaft mbH

Sommermöbel |
summer furniture:
PPAG Popelka
Poduschka, Wien

Lichtinstallation |
light installation:
Sigrun Appelt,
Wien

Bauzeit |
construction time:
1998–2001

Foto | *photo:*
Sandy Panek,
Wien

Gemeinsam mit dem MUMOK und der Kunsthalle Wien, den augenscheinlichsten Neubauten des Museums-quartiers, bildet das Leopold Museum den Haupthof aus, der von zahlreichen Aktivitäten belebt wird. ■ In Analo-gie zum MUMOK führt auch hier eine zehn Meter brei-te Freitreppe zum Eingang. Das kompakte Gebäude ist mit einer Hülle aus weißem Muschelkalk überzogen, gleich große Fensteröffnungen in Wänden und Dach-fläche belichten die Ausstellungsräume. Ein großes licht-durchflutetes Atrium verbindet die drei Obergeschosse miteinander, um dieses herum gruppieren sich jeweils vier Säle, die je nach Konzeption der Ausstellung weiter unterteilt werden können. ■ Unter der Eingangsebene, die durch ein Zwischengeschoss mit Shop und Café er-gänzt wird, liegen zwei weitere Ausstellungsebenen, de-ren Lichthof über eine Deckenaussparung mit dem dar-über liegenden Atrium verbunden ist.

The Leopold Museum, together with the MUMOK and the Kunsthalle, are the main aspects of the museum quar-ter in Vienna. ■ The Leopold Museum, like the MUMOK, has a ten metres-wide outside staircase leading to the entrance. It is a compact building is covered in a shell of white limestone and has windows of the same height in the walls and roof to illuminate the exhibition rooms. A larger, light-flooded atrium connects the three upper storeys and four rooms are grouped around it. These rooms can be partitioned into smaller rooms, depending on the exhibition concept. ■ There are two further exhi-bition levels underneath the entrance level, and their pa-tio is connected the atrium above via a ceiling cavity.

MQ-Point
Ticketcenter MuseumsQuartier

Museumsplatz 1

Neubau
7. Bezirk

Im Zuge der Eröffnung des Wiener Museumsquartiers wurde ein Ticketcenter benötigt. Anfangs lag es hinter dem zentralen Eingang auf das Gelände und wurde kaum von den Besuchern wahrgenommen. ■ Die Architekten öffneten die Wand zum Durchgang; die vorhandenen Wandsegmente zwischen den Pfeilern der Gewölbebögen wurden entfernt und vollständig verglast. Die knallige Farbgestaltung – roter Kautschuk am Boden, lila gestrichene Gewölbe – sorgen nunmehr dafür, das kein Besucher den Infopoint mehr verfehlen kann. Die Wände des Shops werden mit einem Muster aus dem Logo des Museumsquartiers verkleidet, die komplett verspiegelte Rückwand des Raumes verdoppelt diesen scheinbar. An den Seitenwänden sind zahllose Regale angeordnet, die Tresen sind in ihrer Figur an ein Klavier angelehnt.

A ticket centre was required when the Vienna Museum Quarter opened. It was initially located behind the site's central entrance and was frequently overlooked by visitors. ■ The architects created a gap in the wall, removed the existing wall segments between the piers of the vault arches and installed glass panes throughout. The bright colours – red rubber floors and purple painted vaults – now ensure that visitors always notice the information point. The shop's walls have been decorated with a pattern that features the museum quarter's logo and the entirely mirrored back wall of the room gives the impression that it is twice its actual size. Numerous shelves are affixed to the side walls, and the counters are shaped to look like a piano.

Architekten |
architects:
PPAG Popelka
Poduschka, Wien

Bauherr |
builder-owner:
MuseumsQuartier
Wien

Bauzeit |
construction time:
2004

Foto | *photo:*
Studio Krauss,
Wien

Prachner Kunstbuchhandlung

Neubau
7. Bezirk   Museumsplatz 1

Architekten |
architects:
querkraft architek-
ten zt-keg, Wien

Bauherr |
builder-owner:
Georg Prachner

Bauzeit |
construction time:
2001

Foto | *photo:*
Rupert Steiner,
Wien

Die Kunstbuchhandlung Prachner im Museumsquartier ist in der Ovalhalle in direkter Nähe zum Ticketcenter untergebracht. Den Wänden der Halle werden in respektvollem Abstand metallene Regale vorgesetzt, die die „Lesearena" bilden und durch ihren Lochblechrücken die barocke Bestandshülle durchscheinen und damit spürbar werden lassen. In den Fensternischen hinter der Regalwand bleibt Raum für die notwendigen Nebenfunktionen wie Büros und Lagerräume. ■ Um die Buchhandlung multifunktional nutzen zu können und einen überschaubaren, einfachen Raum zu schaffen, wurde auf den Einbau fixer Elemente in der Raummitte verzichtet. Niedrige Möbel aus kerngeräucherter Eiche ermöglichen die Präsentation der Auslage, lassen sich aber jederzeit zur Seite schieben.

The Prachner art bookstore is located in the museum quarter's "Ovalhalle", right next to the ticket centre. Metal shelves are fitted at a respectable distance from the walls of the hall to create a "reading zone" and their perforated sheet backs enable the baroque shell to shine through and be perceived. The window niches behind the shelves provide space for the necessary ancillary office and storage rooms. ■ To ensure multiple use and to provide a simple room with a clear layout, no fixed elements have been installed at the centre of the room. Low furniture made of smoked oak are used to present the books, though they can also be pushed aside at any time.

Glacis Beisl MQ

Museumsplatz 1

Neubau
7. Bezirk

Schon lange vor der Eröffnung des Wiener Museums-
quartiers etablierte sich auf dem Gelände das Glacis
Beisl, welches im Jahre 2004 umgebaut wurde. Die In-
nenausstattung orientiert sich in seiner Anordnung und
Materialwahl am traditionellen Wiener Beisl: dunkles
Holz, Resopalplatten für die Tische, geschliffener Terrazzo als Bodenbelag, Parkettboden im Thekenbereich. ■
Dem Lokal ist ein begrünter Gastgarten mit einem Bestand an alten Nussbäumen vorgelagert, der über Pergola und Wintergarten mit dem Innenraum eine Einheit
bildet. Überzogen ist der Wintergarten mit einer Schicht
aus farbigen Holzwerkstoffplatten, deren Flächen und
Kanten sich durch tropfenförmige Ausschnitte auflösen
– die Gartenlaube als gebautes Blattwerk und als Son-
nenschutz, der ein abwechslungsreiches Spiel von Licht
und Schatten in das Innere wirft.

The converted Glacis Beisl was established on the site
long before the museum quarter opened there. Its interior architecture is oriented in terms of layout and
choice of materials to traditional Vienna "Beisl": dark
wood, Resopal table tops, polished Terrazzo as a floor
covering and parquet in the bar area. ■ In front of the bar
is a grass-covered guest garden with old nut trees, with
a pergola and conservatory that unites it with the interi-
or. The conservatory is covered in a layer of derived tim-
per product panels whose surfaces and edges are interspersed with droplet-shaped perforations – as a sign of
change, modernity and to provide protection from the sun
– which cast interesting light and shadows inside the bar.

**Architekten |
*architects:***
Arkan Zeytinoglu,
Wien
Umsetzung durch
Söhne & Partner
Architekten, Wien

**Bauherr |
*builder-owner:***
Glacis-Beisl
Gastronomie-
betriebsges. mbH,
Paul Bodner

**Bauzeit |
*construction time:***
2004

Foto | *photo:*
Alexander Koller,
Wien

MQ 21

Neubau
7. Bezirk

Museumsplatz 1

Architekten |
architects:
AllesWirdGut
Architektur ZT
GmbH, Wien

Bauherr |
builder-owner:
MQ Errichtungs-
und Betriebs
GmbH

Bauzeit |
construction time:
2002

Foto | *photo:*
Sandy Panek,
Wien

Neben dem Haupteingang zum Wiener Museumsquartier liegen beidseitig historische Hallen, die ehemaligen Hofstallungen des Gebäudekomplexes. Seit September 2002 finden hier unterschiedlichste Kulturinitiativen Raum für ihre Arbeit und Präsentation. In den denkmalgeschützten, barocken Hallen wurde ein Einbau geschaffen, der zusätzliche Nutzflächen und die notwendige technische Infrastruktur bietet. Der frei im Raum stehende, flexible Möbeleinbau, der die bestehende Hülle nicht berührt, streckt sich über die gesamte Länge des Gebäudes. ■ Auf der Galerieebene, die scheinbar nur über die Treppenaufgänge mit dem Hallenboden verbunden ist, finden sich die privaten Arbeitsflächen; das Niveau der Halle bietet Präsentationsflächen. ■ Es entsteht eine Differenzierung zwischen diesen „privaten" Flächen und der öffentlichen Passage. Diese soll es ermöglichen, dem Publikum die Tätigkeit der Nutzer zu präsentieren. Dabei können bewegliche Möbel die Zonierung und Wegeführung jederzeit verändern.

The former court stables in the museum quarter have provided a forum for the work and presentations of culture initiatives since 2002. A structure was created inside the monument-protected halls to provide additional floor space and the necessary technical infrastructure. ■ At the gallery level, which is apparently only connected to the hall floor by the stairways, are the private work areas; and a presentation area is located on the hall level. A differentiation is made between the "private" areas and the public passage so that the users can present their work to the public.

Electric Avenue

Museumsplatz 1

Neubau
7. Bezirk

Die Electric Avenue bietet wie das transeuropa auf der anderen Seite des Quartier 21 Raum für verschiedene kleinere und mittelgroße Nutzungen, die rechts und links der „Straße" präsentiert werden. ■ Eine Stahlkonstruktion, die beidseitig mit Gipskartonplatten verkleidet wurde, dreht sich durch den Raum und führt die Bewegungen des Gewölbes nach. Auf der über Stahlbetontreppen erreichbaren oberen Ebene wird gearbeitet, unten verkauft. Großflächige Verglasungen dienen als Schaufenster, Türen aus Maschendraht und gespannte Nirostanetze als Einbruchschutz, da die Passage durchgängig geöffnet ist. ■ Die Nutzer haben Besitz von ihren ehemals einheitlich silbern beschichteten Einheiten genommen und diese nach ihrem Gusto gestaltet. Das Raumgebilde verändert sich mit der Zeit und seinen „Bewohnern".

The Electric Avenue, like MQ21 on the other side of the building section, contains several small and medium-sized units which face out onto the "avenue" on the right and left. ■ A steel structure, clad on both sides with sandwich-type plasterboard, curves through the room and follows the lines of the vault. The upper level, which is accessed by a reinforced concrete stairway, is a work area and the lower level is the sales area. Large panes of glass serve as the shop window, there are wire mesh doors and tensioned Nirosta nets prevent break-ins because the passage is always open. ■ Once entirely painted silver, the users who have moved into the units have decorated them according to their personal preferences. The appearance of the units changes over time and depending on its "occupants".

Architekten |
architects:
PPAG Popelka
Poduschka, Wien

Bauherr |
builder-owner:
MQ Errichtungs-
und Betriebs
GmbH

Bauzeit |
construction time:
2002

Foto | *photo:*
Sandy Panek,
Wien

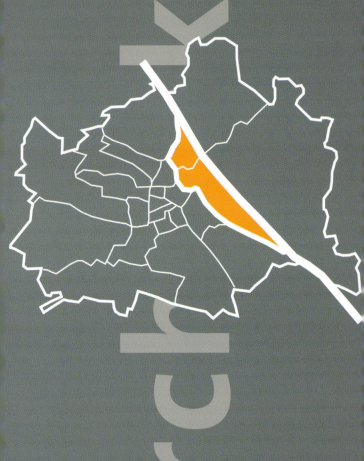

Leopoldstadt
Brigittenau

Lauder Chabad Campus

Rabbiner Schneerson Platz 1

Leopoldstadt
2. Bezirk

Der Schulbau grenzt an den Augarten und bildet durch die Anordnung eines lang gestreckten Riegels, zweier dazu senkrecht stehender weiterer Baukörper und der Mauer des Augartens einen eigenen Hofbereich. In der Anlage haben sich, sorgsam übereinander angeordnet, ein Kindergarten, eine Volksschule und eine Mittelschule niedergelassen. ■ Der viergeschossige Kopfbau umschließt die Eingangshalle, die sich nach einer niederen Eingangszone über die volle Höhe des Baukörpers ausdehnt und dreiseitig von einer Galerie umschlossen wird. Der anschließende dreigeschossige Klassentrakt öffnet sich zum Park mit einer Ganzverglasung, hinter der die Gangzonen der Klassenräume angeordnet sind. Die beiden quer stehenden Volumen nehmen das Auditorium, die Speisesäle und den Turnsaal in sich auf. ■ Die weiß verputzte, kompakte Fassade erhält ihr Spiel durch das Versetzen der Fenster in der tiefen, marmorverkleideten Leibung, mal innen, mal außen bündig.

Architekten |
architects:
Architekten
Krischanitz & Frank
ZT GmbH, Wien

Bauherr |
builder-owner:
Ronald S. Lauder

Bauzeit |
construction time:
1998– 1999

Foto | *photo:*
Margherita
Spiluttini, Wien

The campus building has its own courtyard area which is created by an extended horizontal girder, two vertical structures and the wall of the adjoining "Augarten" park. There is also a kindergarten and two schools on the campus. ■ The four-storey head-end structure encloses the foyer, which after the low entrance zone extends upwards to the full height of the building structure and is surrounded by a gallery. The three-storey class block looks out onto the park through lateral glazing. ■ The white, plastered and compact facade is distinguished by displaced windows in the deep, marble-clad reveal.

Millennium Tower – Zentrum Handelskai

Brigittenau
20. Bezirk

Handelskai 94–96

Architekten |
architects:
Boris Podrecca,
Wien
Gustav Peichl,
Wien
Rudolf Weber,
Wien

Bauherr |
builder-owner:
Osmin Projekt AG

Bauzeit |
construction time:
1997–1999

Foto | photo:
Boris Podrecca,
Wien

Der Millennium-Tower ist mit seinen 202 Metern Höhe das erste wirkliche Hochhaus Wiens, mit einem Einkaufzentrum, 38.000 m² Bürofläche und 400 Wohnungen, die in einer kammartigen Struktur am Fuße des Gebäudes angeordnet sind, die Höfe mit einer Glaswand aus Schallschutzgründen zum Handelskai abgeschlossen. ■ Der Turm selbst entwickelt sich aus der Verschneidung zweier Kreise, in Richtung Stadt ist ein kantiger Block eingeschnitten, der ein zusätzliches Raumangebot schafft. Im Schnittpunkt der drei Figuren ist die Erschließungszone mit zehn Aufzügen situiert, kommt man in einem der Geschosse an, hat man jeweils den Ausblick auf Donau und zur Stadt, durch das Verdrehen des Grundrisses schräg zur Donau wurde die Blickfläche zum Wasser und zur Donaucity maximiert. ■ Ein Raum am Dach des Gebäudes, zwölfeinhalb Meter hoch, rundum verglast, bietet den spektakulärsten Ausblick und beschließt das Hochhaus.

At 202 metres in height, the Millennium Tower is Vienna's first bona fide skyscraper. It has a shopping mall, 38,000 m² of office space and 400 apartments in a comb-like arrangement at the base of the building. ■ The tower itself consists of two circles which intersect with a square inset block facing the city to create additional space. The foyer is located where these three figures meet and has ten elevators. The skewing of the building's layout at an angle to the Danube maximises the view of the water and of Donaucity. ■ A 12.5 metres-high, all-glass room on the building's roof provides the most spectacular views.

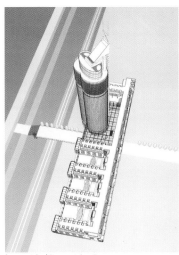

Isometrie | isometric view

48

SEG Wohnblock Remise

Leopoldstadt
2. Bezirk

Vorgartenstraße

Architekten |
architects:
Coop
Himmelb(l)au,
Wien

Bauherr |
builder-owner:
SEG

Bauzeit |
construction time:
1998–2000

Foto | *photo:*
Sandy Panek,
Wien

Von außen lässt die Wohnbebauung kaum erahnen, was sich im Inneren des Baublocks befindet – ein Raumgefüge aus schiefen Stützen und Wänden, unterschiedlichen Gebäudehöhen, aufgesetzten schrägen Dachaufbauten; eine Vielfalt an Formen und Raumeindrücken, zusammengehalten durch die Verwendung gleicher Oberflächenmaterialien: Stahl, Beton und geputzte Flächen. ■ Dabei ist die äußere Vielfalt nicht nur Fassade. Etwa 30 verschiedene Wohnungstypen finden sich in dem Gebäude. Sie basieren alle auf dem Grundtyp einer Maisonettewohnung und sind miteinander verschachtelt. ■ Der relativ hohen Bebauungsdichte wird durch die teilweise Öffnung der Erdgeschosszone – auch hier der übliche Nutzungsmix aus Geschäften, Betreuungseinrichtungen und Tiefgaragenzufahrt – und durch die „offenen Räume" in den Geschossen Kommunikations- und Freiraum entgegengestellt.

From the outside, the residential development gives few clues as to what lies inside – structured space consisting of supports and walls, different building heights, slanting roof superstructures, united by the use of the same surface materials of steel, concrete and plaster. ■ And this diversity is not just restricted to the facade. The building houses around 30 types of apartment. They are all based on the fundamental design of a maisonette and interlaced. ■ The high density of the development contrasts with the open spaces on the ground floor zone – which has the standard combination of shops, care facilities and underground carpark entrance – and the "open-plan rooms" on the communication and recreation floors.

Messe Wien

Messeplatz 1

Leopoldstadt
2. Bezirk

Auf dem Pratergelände – in respektvollem Abstand zum Riesenrad, aber dennoch auf die Umgebung reagierend – entstand das Areal der Neuen Messe Wien. Ziel der Anordnung und Ausformulierung der Gebäude ist die Ablesbarkeit der Funktionen der einzelnen Bauteile und die Schaffung eines modernen und reibungslos funktionierenden Messe- und Kongresszentrums. ■ Parallel zur Prater Hauptallee liegt die Hauptachse, an der sich südlich vier Messehallen anordnen; das Kongressgebäude im Norden und der Turm mit seiner aufgesetzten Spitze, einem fast 60 Meter hohen rot-weiß-rotem Stahlkegel als weithin sichtbares Zeichen, im Nordwesten. Das Hauptfoyer liegt im Westen, zum Vergnügungsprater orientiert. ■ Transparenz und Offenheit sind Intention der Planung. Konstruktion und Technik werden nicht versteckt, sondern sind Mittel der Gestaltung.

The objective when developing the exhibition site was to ensure that the functions of the individual buildings are evident and to create a modern and smoothly-functioning exhibition and congress centre. ■ The main axis runs parallel to Prater Hauptallee, and four of the southern exhibition halls are located there. The congress building is to the north of the site and the tower with spire – an almost 60 metres-high red and white steel cone – are further visible landmarks. The main foyer to the west looks out over Vergnügungsprater. ■ The concept was developed to provide transparency and openness. The structures and technology are not concealed, but central to the design.

Architekten |
architects:
Peichl & Partner,
Wien

Bauherr |
builder-owner:
Chefren Leasing
GmbH, Wiener
Messe Besitz
GmbH

Bauzeit |
construction time:
2001–2003

Foto | *photo:*
André Kiskan

51

StudentenInnenwohnheim

Leopoldstadt
2. Bezirk   Molkereistraße 1

Architekten |
architects:
Baumschlager-
Eberle GmbH,
Lochau

Bauherr |
builder-owner:
MIGRA GmbH,
OeAD

Bauzeit |
construction time:
2004–2005

Visualisierung:
Baumschlager-
Eberle GmbH,
Lochau

Auf dem Gelände der alten Wiener Molkerei im 2. Wiener Gemeindebezirk wurde in einer ersten Bauphase im Jahr 2000 die Fachhochschule des BFI Wien fertiggestellt. Danach folgten in der Mitte des Areals Neubauten mit Wohnungen, Geschäften und Lokalen. Das neue „Gästehaus der Wiener Universitäten" schließt nun die Blockrandbebauung. Es wird als Passivhaus errichtet und bietet in unterschiedlichen Wohnungstypen 278 Wohnheimplätze. ■ Entlang des Haupttraktes an der Molkereistraße entstehen, angeordnet beidseitig eines zentralen Erschließungskerns, vor allem Zweizimmereinheiten als Standardtyp. Der Hauptzugang erfolgt von der Molkereistraße, die Eingangshalle bildet einen zentralen, zweigeschossigen Kommunikationsbereich. In den Wohnebenen finden sich weitere Gemeinschaftszonen. ■ Die verputzte Fassade weist eine klare Grundordnung auf, die durch Rahmenelemente mit metallischen Schiebeläden ergänzt wird. Diese sind zueinander versetzt angeordnet und erzeugen einen Mäandereffekt auf der Fassade.

The new halls of residence at Vienna University are a perimeter development on the former site of the Vienna Dairy. They were designed as a "green" building and contain 278 residential units. The main block predominantly contains standard-type two-room units. The entrance hall is a central communication area, and there are communal zones on each floor. ■ The plaster facade has a distinctive basic structure, supplemented by frame elements with metal sliding shutters. They are offset towards one another to create a meandering effect on the facade.

Wohnbau Praterstraße

Praterstraße 58

Leopoldstadt
2. Bezirk

Die Abmessungen des Gebäudes in einem Hinterhof waren exakt definiert: 21 Meter in der Breite, sechs Meter Bautiefe und 18 Meter Höhe, die sechs Geschosse zulässt. Die Architekten erzielten jedoch durch differierende Raumhöhen eine Schichtung von Ebenen, so dass sieben Geschosse entstanden. ■ Nordseitig an der Brandwand zum Nachbargebäude liegt der Erschließungskern mit den angeschlossenen Sanitärräumen sowie einem großzügigen Eingangsbereich, der im Bedarfsfall auch als Schlafraum genutzt werden kann. Die Raumhöhe ist hier auf die erlaubten 2,20 Meter reduziert, die Wohnebenen im Osten und Westen liegen um fünf Stufen höher bzw. tiefer, je nach Lage und Schichtung der Wohnung. Die lichte Höhe beträgt 3,20 Meter. ■ Ergänzt wird das Raumangebot durch vorgehängte Balkone und eine Dachterrasse. Die Konstruktion aus Stahlbeton spiegelt sich mit ihren Unter- und Oberzügen in der Fassade wider. Sie ist außen grau verputzt, im Inneren bleibt die Betonoberfläche sichtbar.

Architekten |
architects:
PPAG Popelka
Poduschka, Wien

Bauherr |
builder-owner:
Conwert
Immobilien AG

Bauzeit |
construction time:
1997–1998

Foto | *photo:*
Studio Krauss,
Wien

The dimensions of the building in a rear yard were precisely defined. It is 21 metres wide, six metres excavation depth and 18 metres high with six storeys. However, the architects used rooms with different heights to create staggered layers, which provides the building with seven storeys. ■ The fire wall on the north side facing the neighbouring building is the core aspect of the development. It has adjoining utility rooms and a generously-sized entrance hall. The room height here is reduced to the permitted 2.20 metres, and the residential levels to the east and west are five steps higher or lower, depending on the position of the apartment and the layer on which it is located.

RiesenRäderwerk

Leopoldstadt
2. Bezirk   Prater 90

Architekten |
architects:
Mathis Barz, Wien

Bauherr |
builder-owner:
Wiener Riesenrad

Bauzeit |
construction time:
2002

Foto | *photo:*
Mathis Barz, Wien

Seit Mai 2002 ist für das Wiener Riesenrad, eines der berühmtesten Wahrzeichen der Stadt, eine neue Zeit angebrochen. Am Fuße des Riesenrads entstand das Riesenräderwerk, eine künstliche Landschaft aus großen und kleinen Pavillons (Rädern). Einzelne Bauten strukturieren den Komplex und ermöglichen nun einen Ganzjahresbetrieb. ■ Grundform für die Pavillons ist das Reuleaux-Dreieck, eine geometrische Form aus dem Maschinenbau – ein Dreieck mit gewölbten Seiten und abgerundeten Ecken. Die Pavillons gruppieren sich um den Unterbau des Riesenrads und werden über ein zentrales Foyer, welches über Oberlichter Durchblicke zum Riesenrad zulässt, miteinander verbunden. Entsprechend ihrer Nutzung sind sie in Farbe, Material und Konstruktion differenziert. Kasse und WC erscheinen als anthrazitfarbene Monolithen. ■ Das Panorama steht mit seiner doppelt gewölbten, roten Aluminiumfassade im Mittelpunkt und erzählt ein Stück Biographie der Stadt. Café-Restaurant und Shop wirken durch ihre minimalistische Glasfassade leicht und transparent.

An artificial landscape consisting of large and small pavilions (wheels) was created at the base of the big wheel in Vienna. The complex is made up of individual buildings and enables all-year-round operation. ■ The basic shape of the pavilion is the Reuleaux triangle – a triangle with curved sides and rounded corners and a geometric shape that is used in the field of mechanical engineering. The pavilions are grouped around the substructure of the big wheel. They are differentiated according to purpose by way of colour, material and construction and connected via a central foyer.

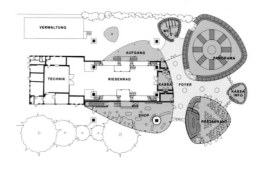

Grundriss | floor plan

Durch Staub und Wolkenspreu schleift der Mantel, der unsere Liebe deckte, das Riesenrad

Wohnhausanlage Odeongasse

Leopoldstadt
2. Bezirk

Odeongasse 2a+3

Architekten |
architects:
Albert Wimmer,
Wien

Bauherr |
builder-owner:
Neue Heimat

Bauzeit |
construction time:
2003–2004

Foto | *photo:*
Sandy Panek,
Wien

Der Wohnbau erstreckt sich zu beiden Seiten der Odeongasse. Ein dreigeschossiger Riegel, 4,20 Meter über der Wegebene schwebend, bildet einen Durchgang und verbindet die beiden Seiten des Gebäudes miteinander. Die Gasse als eigentliche Straße wird dabei abgeschnitten, es entsteht ein Park mit Spielplatz und Volleyballfeld, der das Areal aufwertet und von den Bewohnern der umliegenden Häuser mitgestaltet wurde. ■ Im Erdgeschoss sind die notwendigen Nebenräume untergebracht, im Geschoss darüber befindet sich ein Gemeinschaftsraum, der von allen Bewohnern genutzt werden kann. Darüber sind die 29 Wohnungen des Objektes angeordnet. Beidseitig der Straße gibt es in den Staffelgeschossen Maisonette-Wohnungen, die jeweils über eine eigene Terrasse verfügen. ■ Die Fassade gliedert sich durch vor- und zurückspringende Bauteile, Einschnitte der Freibereiche sowie horizontale Fensterbänder.

The residential building extends on both sides of Odeongasse. A three-storey rectangular structure across the road serves as a throughway and connects the two sides of the building with each other. The road is blocked off to create a park with playground and volleyball pitch, which enhances the area and was designed with the assistance of the residents in the surrounding buildings. ■ The ancillary rooms are located on the ground floor, and a communal room that is used by all residents is located on the floor above. Above this are the building's 29 apartments. The staggered level maisonette apartments on both sides of the road all have their own patios.

Speditionsgebäude Firma DHL-Danzas

Freudenauer Hafenstraße 20-22

Leopoldstadt
2. Bezirk

Der Wiener Hafen wird nur zu einem geringen Teil von der Donauschifffahrt genutzt, der weitaus größere Teil umfasst den Transport per LKW. In diesem Umfeld von Restflächen hat sich eine Spedition angesiedelt, die sich mittels eines neuen Eingangsbereiches präsentieren möchte. ■ Eine auskragende Wandscheibe trennt die Büroräumlichkeiten und den Ladehof vom Vorplatz und definiert diesen. Die Scheibe ist auch Träger des aufsitzenden Firmenlogos und wird bei Nacht zusätzlich beleuchtet, so dass die Auskragung zu schweben scheint. Der Hauptzugang ist von einem weit vorstehenden Flugdach überdeckt, welches sich – durch ein Oberlichtband von der darunter liegenden Wand getrennt und vom Vorplatz ausgehend – über die Räumlichkeiten spannt.

The Port of Vienna is only used to a limited extent by the Donau shipping industry. The majority of its consignments are transported by truck. A freight forwarding company has set up business in this building, which is surrounded by residual sites, and has built a new foyer as a representative element. ■ A cantilevered wall slab separates the offices and the loading yard from the forecourt and provides definition. The slab also supports the company's logo and is illuminated at night, which makes the cantilever appear to float. The main entrance is covered by a protruding shed-type roof stretching across the rooms, separated from the wall underneath by a top strip light which extends from the forecourt.

Architekten |
architects:
hochholdinger.
knauer architekten,
Wien

Bauherr |
builder-owner:
Cargoline
Speditions
GesmbH

Bauzeit |
construction time:
2001–2003

Foto | photo:
Gerald Zugmann,
Wien

UNIQA Tower

Leopoldstadt
2. Bezirk

Untere Donaustraße

Architekten |
architects:
Neumann +
Partner,
Architekt Heinz
Neumann ZT
GmbH, Wien

Bauherr |
builder-owner:
UNIQA Immobilien-
Projekterrichtungs-
GmbH

Bauzeit |
construction time:
2001–2004

Foto | *photo:*
UNIQA / Bisutti,
Wien

Auf dem exklusiven Bauplatz – direkt am Donaukanal gegenüber der Urania, am Kreuzungsbereich Aspernbrü-
ckengasse / Untere Donaustraße – will der Büroturm einen Orientierungspunkt setzen und zum Wahrzeichen
werden. ■ Der expressive Schwung des 75 Meter hohen Gebäudes mit der Grundform einer sich nach oben
hin öffnenden Ellipse bietet den Nutzern einen grandiosen Ausblick über die Stadt. Massive Betonstützen im
Erdgeschoss umschließen den Eingangsbereich, die
Glashülle schiebt sich über diese Stützen. Die zwei-
schalige Haut, natürlich be- und entlüftet, wirkt als Wär-
me-, Kälte-, Wind- und Schallschutz. ■ Zentrum aller
Funktionen ist die verhältnismäßig kleine, aber dreigeschossige Lobby. Sie ist rundherum verglast und über
ein Atrium nach oben geöffnet, so dass der Turm jederzeit in voller Höhe präsent bleibt. Restaurant, Fitnesscenter und Kaffeehaus als öffentliche Nutzungen werden von hier aus erschlossen. Eine Skylobby mit
Dachterrasse schließt das Hochhaus nach oben ab.

The expressive dynamism of the 75 meters-high office
tower with the basic shape of an ellipse that opens at
the top offers users a fantastic view over the city. Solid
concrete supports on the ground floor surround the entrance area, and the glass case extends over these supports. The double-shell skin provides heat, cold, wind and
noise protection. ■ The building's functional centre is the
relatively small, three-storey lobby. It has all-round glazing and is open at the top so that the full height of the
tower is always visible. A sky lobby is located at the top
of the building.

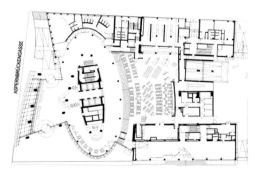

UNTERE DONAUSTRASSE

Grundriss | floor plan

Generali – Media Tower

Leopoldstadt
2. Bezirk

Taborstraße 1–3

Architekten |
architects:
Hans Hollein,
Wien

Bauherr |
builder-owner:
Generali Group,
Wien

Bauzeit |
construction time:
1997–2000

Foto | *photo:*
Sandy Panek,
Wien

Der Media Tower am Donaukanal orientiert sich in seiner Höhe nicht an der umliegenden Bebauung; er überragt diese und versucht, ein Zeichen zu setzen und den Eingang zum zweiten Bezirk zu markieren. ■ Der Komplex besteht aus zwei Türmen unterschiedlicher Höhe und einem kleinen, an die Blockbebauung anschließenden Gebäude mit Lochfassade. Der höhere Turm ist um drei Grad gekippt, überzogen mit einer verspiegelten Haut und bekrönt von einer riesigen Leuchtreklametafel. ■ Wenn man den kleineren der Türme betritt, öffnet sich eine mehrgeschossige Halle, überspannt von gekurvten Decken. Die Fassade des Bauteils ist durch umlaufende Fensterbänder charakterisiert, in der angehängten Box befindet sich ein Besprechungsraum. Unter dem gekrümmten, aufgesetzten Flugdach ist ein Veranstaltungsraum angeordnet.

The height of the Media Tower on the Donau Canal is not oriented on the surrounding development. It towers above the neighbouring buildings in an attempt to be a landmark demarcating the boundary to the second district. The complex consists of two towers of different heights and a small building with a perforated facade that adjoins the building block. The higher of the two towers leans at a 3° angle and has a reflective cladding, crowned with a giant illuminated advertising board. ■ Anyone who enters the smaller tower encounters a several-storey hall underneath curved ceilings. The unit's facade is characterised by the window strips that run around it, and the annexed box contains a meeting room. A function room is located underneath the arched shed-type roof.

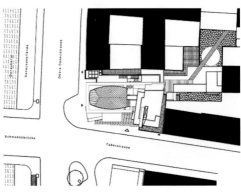

Lageplan | site plan

Landstraße
Favoriten
Simmering

Geologische Bundesanstalt Wien

Neulinggasse 38

Landstraße
3. Bezirk

Der Neubau erweitert die in einem Altbau liegenden Räumlichkeiten der Geologischen Bundesanstalt. Die vorhandene repräsentative Haupterschließung bleibt auch für den Zubau erhalten. ■ Ein 1,60 Meter breiter Schlitz zwischen Bestand und L-förmigem Neubau, in dem die Niveauunterschiede der beiden Gebäude aufgenommen werden, schafft eine optische Fuge zwischen Alt und Neu. Ein Teil des Zubaus wird von einem Stützenwald über der Eingangsebene gehalten, ein großzügiger Freiraum entsteht. ■ Die Fassade wird von dem sehr markanten Gelbton ihrer Putzflächen bestimmt. Außen liegende Lamellen schützen die Fensterbänder vor Überhitzung, die Blendung im Bereich der Bildschirmarbeitsplätze wird vermindert.

The new building extends the space in the Federal Geological Office's old building and reflects the prestige of the main development. ■ A 1.60 meters wide slit between the existing building and the L-shaped new building incorporates the difference in height between the two buildings and creates a visual joint between old and new. Part of the annex is held up by supports to create a generously-sized open space. ■ The plaster sections of the facade are in a distinctive yellow colour. External lamellas protect the strip windows against overheating and prevent dazzle in the areas where the VDU workstations are located.

Architekten |
architects:
Stefan K. Hübner,
Wien

Bauherr |
builder-owner:
BIG Bundesimmo-
biliengesellschaft
mbH

Bauzeit |
construction time:
2003–2004

Foto | ***photo:***
Sandy Panek,
Wien

Restaurant Kiang III

Landstraße
3. Bezirk

Landstraßer Hauptstraße 50

Architekten |
architects:
Helmut Richter,
Wien

Bauherr |
builder-owner:
Thomas Kiang

Bauzeit |
construction time:
1997

Foto | *photo:*
Rupert Steiner,
Wien

Das am Rochusmarkt gelegene Restaurant füllt die Erd-
geschoss- und Untergeschosszone des Altbaus an der
Landstraßer Hauptstraße. Der dynamische Raum, der
durch den trapezförmigen, nach hinten konisch zulaufenden Grundriss entsteht, wird durch eine in den Raum
abfallende Decke und die breite Fugenausbildung der
Wand- und Deckenverkleidung aus Stahlplatten noch verstärkt. Lichtstreifen unter der Decke und die lineare Po-
sitionierung des Mobiliars und die opaken Glastrennwand
unterstreichen diesen Effekt gekonnt. ■ Man betritt diesen „schallharten und emotional unterkühlten Neutral-
raum" (so der Architekt) über einen Windfang aus blau-
em Glas. Zur Straße hin bildet lediglich eine dünne
Glashaut den Abschluss des Innenraumes, der nach
Außen weiter zu fließen scheint.

The restaurant on Rochusmarkt occupies the ground
floor and basement of the old building on the Landstraßer
Hauptstrasse. The dynamic space that is created by the
trapezoidal layout, which is conically tapered towards the
back, is further enhanced by the ceiling, which descends
into the room, and the wide joint design on the steel wall
and ceiling panels. Light strips under the ceiling and the
linear positioning of the furniture, as well as the opaque
glass partition, cleverly underline this effect. ■ This "hard
sounding and emotionally cool neutral room" is entered
via a draught screen in blue glass. Only a thin glass skin
separates the interior from the street, and it appears to
continue flowing outside.

Hotel Hilton
Sanierung, Zu- und Umbau

Am Stadtpark

Landstraße
3. Bezirk

Das 1975 eröffnete Hotel Hilton wurde aufgrund seiner Höhe und Lage – direkt am Stadtpark, neben dem Bahnhof Wien Mitte – zu einem, wenn auch ungeliebten, Wahrzeichen der Stadt. Nach einem Eigentümerwechsel folgte ein kompletter Um- und Ausbau; die ornamentalen, verschnörkelten Absturzsicherungen wurden entfernt, die Fassade bereinigt. ■ Die ursprünglich geplante Aufstockung mit einer „Wolke" aus Glaskästen fiel im Zuge der Wiener Hochhausdebatte. Ein einzelner gläserner Kubus auf dem Dach erinnert an diese Planungen. Der Sockelbereich, verkleidet mit dunklem Spiegelglas und aufgesetzten wellenförmigen Stahllamellen, nimmt die erweiterten Konferenzräumlichkeiten in sich auf. ■ Das Hotel verfügt über zwei Hauptzugänge; eine öffentliche Passage erstreckt sich durch die Gebäudebasis. Die Grundfiguration der Zimmer wurde kaum verändert, jedoch verfügen sie nun über neueste Kommunikationselektronik.

Architekten |
architects:
Hans Hollein,
Wien

Innenaus- und
Umbau:
Dieter Hayde,
Wien

Bauzeit |
construction time:
2003– 2004

Foto | *photo:*
Sandy Panek,
Wien

The hotel has become a city landmark as a result of its height and length. ■ A change of ownership was followed by an extensive conversion and extension project, although the original plan to add another storey consisting of a "cloud" made of glass cases was scrapped during the process of the Vienna high-rise building debate. A single glass cube on the roof is the only evidence of the plan's existence. The plinth area, clad with dark, reflective glass and wave-shaped steel leaves, houses the extended conference facilities. ■ The hotel has two main entrances, and a public mall extends through the base of the building. Few changes have been made to the basic configuration of the rooms. However, they are now equipped with state-of-the-art communication technology.

Wohn- und Bürohaus Schlachthausgasse

Schlachthausgasse 28–30

Landstraße
3. Bezirk

Architekten |
architects:
Coop
Himmelb(l)au,
Wien

Bauherr |
builder-owner:
GPA WBV, Klein-
gasse Projektie-
rungs GesmbH

Bauzeit |
construction time:
2003–2005

Foto | *photo:*
Sandy Panek,
Wien

Der Baukörper an der Schlachthausgasse nimmt die Front der alten Blockbebauung wieder auf und definiert den Straßenraum neu. Durch Vor- und Rücksprünge sowie das Kippen der Fassade wird spannungsreiche Abwechslung erreicht. Entlang der dahinter liegenden Kleingasse wurde der alte Baumbestand erhalten. Hier entstehen durch additive Baukörper – wie den Doppelkegel im liegenden Format, der als Veranstaltungs- und Aufenthaltsbereich genutzt werden soll – differenzierte Grünräume. ■ Der Bau gliedert sich im Wesentlichen in zwei Funktions- und Gebäudeteile: den Wohnbau mit 82 Einheiten, gekennzeichnet durch eine himmelblaue Farbgebung, und den roten Bürotrakt. Der Kopfbau im Süden, in dem ein Jugendzentrum seinen Platz findet, wird von einem verzinkten Stahlgestell umhüllt. ■ Von der ehemaligen Nutzung des Grundstücks als Mautner Markhofsches Kinderspital kündet noch die denkmalgeschützte Kapelle aus dem Jahre 1891, die an der Kleingasse erhalten und in den Grünraum integriert wurde.

The building's structure incorporates the facade of the former building block and redefines the roadside zone. Projections and recesses, as well as the inclination of the facade, produce an interesting effect. The trees that line the narrow alleyway behind the building have been left in place. The addition of building structures here will create various green areas. ■ The building is essentially divided into two functional sections: the sky blue residential building with 82 apartments and the red office section. The head-end structure at the south, which houses a youth centre, is clad with a zinc-coated steel rack.

Vienna Biocenter 2

Viehmarktgasse 2A

Landstraße
3. Bezirk

Auf dem Gelände des Biotechnologiecampus in St. Marx befinden sich das Vienna Bio Center 2 und IMBA – Gregor-Mendel-Institut – als Teil der Gesamtanlage. Die Anlage gliedert sich in vier parallele Bereiche: Zur Straße sind die Büroräume angeordnet, die Fassade ist zum großen Teil geschlossen und mit plissierten Alutafeln bzw. Stein bekleidet. Danach folgt ein überglaster Einschnitt, vom Architekten als Canyon bezeichnet, in dem sich Aufzüge, Treppen und Kommunikationsinseln befinden. Er ist der Marktplatz des Bauwerks. Daran schließen sich, in der Mittelzone, die Lager- und Nebenräume an. ■ Die eigentlichen Laborbereiche sind nach außen orientiert, mit einem Wintergarten als Klimafassade, der als Grünbereich dient. Dabei können die Labors den Nutzerwünschen entsprechend frei auf einer Fläche angeordnet werden, sie benötigen lediglich den Anschluss an das System der Versorgungsschächte, von denen es im Gebäude eine Vielzahl gibt. Dazwischen liegen immer wieder Plätze und offene Bereiche, so genannte Meetingpoints zum Wissenstransfer.

The Vienna Bio Center 2 and IMBA – Gregor-Mendel-Institute – are located on and form part of the Biotechnology Campus. The campus is divided into four zones: office space, a largely closed facade, a glazed insection - the "canyon" – with elevators, stairs and communication islands, as well as storage and ancillary rooms in the middle zone. ■ The laboratory areas face outwards and can be arranged anywhere on an area that provides them with access to the supply shaft system.

Architekten |
architects:
Boris Podrecca,
Wien

Bauherr |
builder-owner:
Competence
Investment AG,
Dornbirn

Bauzeit |
construction time:
2002–2003

Foto | *photo:*
Gerald Zugmann,
Wien

T-Center St. Marx

Landstraße
3. Bezirk   Rennweg 97–99

Architekten |
architects:
Architektur Con-
sult ZT GmbH,
Graz
Günther Domenig,
Hermann
Eisenköck,
Herfried Peyker

Bauherr |
builder-owner:
mm Liegen-
schaftsbesitz
GmbH, Wien

Bauzeit |
construction time:
2002–2004

Foto | photo:
Sandy Panek,
Wien

Das entlang der Rennwegkante gelegene Gebäude stellt
den Übergang zum ehemaligen Schlachthofareal dar.
Durch die großzügig und offen gestaltete Erdgeschosszone, die den Höhenunterschied zwischen Rennweg und
Helmut-Qualtinger-Gasse überbrückt, wird die visuelle
und die fuß- bzw. radläufige Verbindung zum Entwick-
lungsgebiet der ehemaligen Schlachthofhallen herge-
stellt. ■ Über dieser öffentlichen Zone mit Geschäfts-
und Dienstleistungseinheiten sowie dem Haupteingang
ordnen sich die so genannten „Finger" als strukturierte
Einheiten für Büro- oder Hotelnutzung und der skulptu-
ral geformte „Flügel" als Hauptteil der Bürobereiche mit
zentralem Hochpunkt und interner Verteilerebene an. Die
so entstandene „liegende Skulptur" wirkt in ihrer Glie-
derung und Baumassengewichtung als markantes Zeichen für weitere Entwicklungen im gesamten Areal.

The building extends along Rennwegkante and borders
on the former slaughterhouse yard. The generously-
sized, open-plan ground floor zone, which bridges the difference in height between Rennweg and Helmut-
Qualtinger-Gasse, is the visual, pedestrian and cycle link
to the development zone on the former slaughterhouse
site. ■ Above this public zone, with its retail and service
units and the main entrance, are so-called "fingers" –
structural units for office or hotel use – and sculptured
"wings" that constitute the main part of the office zones.
This distinctive "horizontal sculpture" is symbolic for further developments on the rest of the site.

Veranstaltungszentrum Arena und Open-Air-Gelände

Baumgasse 80

Landstraße
3. Bezirk

Auf die Erhaltung des Charakters des Ensembles in der Baumgasse als subkultureller Veranstaltungsort wurde großes Augenmerk gelegt. Ganz bewusst kamen nur rohe und unbehandelte Materialien wie Beton und verzinkter Stahl zum Einsatz. Auch der Umfang der architektonischen Eingriffe wurde auf ein Minimum beschränkt. Von außen sichtbar ist lediglich die „Spange", der einzige Neubauteil, der als formales und funktionales Bindeglied zwischen dem Open-Air-Bereich und der „Großen Veranstaltungshalle" agiert. Im Inneren befinden sich die Veranstaltungshalle mit Bar und Nebenräumen sowie ein Restaurant mit Gastgarten. ■ Das Ziel der Adaptierung war es zum einen, das bestehende Raumangebot des Veranstaltungsgeländes durch neue Interventionen miteinander zu vernetzen und zum anderen, in der Symbiose mit den gerade umgenutzten Gasometern in der direkten Nachbarschaft eine Aufwertung des gesamten Stadtteils zu fördern.

Careful attention was paid to ensuring that the ensemble's character as a sub-culture event venue was retained. Only raw and untreated materials such as concrete and galvanised steel were used. The extent of architectural modifications was also kept to the minimum. Only a "clip" is evident from the outside. It is the only new structural element and provides a formal and functional connection between the open-air zone and the "big event arena". ■ The objective of the adaptation was, firstly, to attract a wider public to the event site and, secondly, to enhance the entire neighbourhood by creating a symbiosis with the nearby gasometers.

Architekten | *architects:*
RATAPLAN, Wien

Bauherr | *builder-owner:*
Gemeinde Wien /
MA 34 – Bau- und
Gebäudemanagement

Bauzeit | *construction time:*
2003–2004

Foto | *photo:*
Markus Tomaselli,
Wien

Gasometer Simmering

Simmering
11. Bezirk

Guglgasse

Architekten |
architects:
Gasometer A:
Jean Nouvel,
Paris (F)
Gasometer B:
Coop
Himmelb(l)au,
Wien
Gasometer C:
Manfred
Wehdorn, Wien
Gasometer D:
Wilhelm Holzbauer,
Wien

Bauherr |
builder-owner:
SEG, GPA WBV,
GESIBA

Bauzeit |
construction time:
1999–2001

Foto | *photo:*
Sandy Panek,
Wien

Die Wiener Gasometer waren ursprünglich die Tanks des Gaswerkes. Nach dessen Stilllegung wurden die technischen Einbauten entfernt, die leere Hülle blieb übrig. Nach diversen Zwischennutzungen legaler und illegaler Art begann 1995 die Planung für die Revitalisierung. Verschiedene Wohnbaugesellschaften und die öffentliche Hand arbeiteten dabei zusammen, die notwendige städtische Infrastruktur und Verkehrsanbindung wurde geschaffen. ■ Vier Architekten wurden beauftragt. Diese gingen bei der Planung von unterschiedlichen Ansätzen aus: Jean Nouvel plante „Tortenstücke", bei Coop Himmelb(l)au versorgt ein trichterförmiger Einschnitt das Innere mit Licht, ergänzt durch den sichtbarsten äußeren Eingriff, das vorgestellte Schild. Wilhelm Holzbauer platziert einen mittig erschlossenen Stern im Rund des Gebäudes, Manfred Wehdorn staffelt die Wohngeschosse nach oben hin und erschließt sie über Laubengänge. ■ Eine Shopping-Mall verbindet die Gasometer miteinander und leitet die Besucher über einen Glassteg in das Entertainmentcenter auf der gegenüberliegenden Straßenseite. Insgesamt wurden ca. 600 Wohnungen und 247 Studentenheimplätze geschaffen, eine Veranstaltungshalle im Gasometer B ergänzt das Angebot.

Four architects were commissioned with the revitalisation of the former gasometer. Their approaches to the project differed: Jean Nouvel designed "cake slices" and Coop Himmelb(l)au created a funnel-shaped insection to increase the light inside. Wilhelm Holzbauer put a star in the building's rotund and Manfred Wehdorn arranged the residential floors in echelons with access balconies.

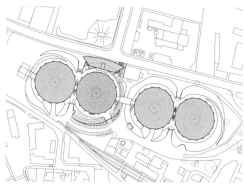

Lageplan | site plan

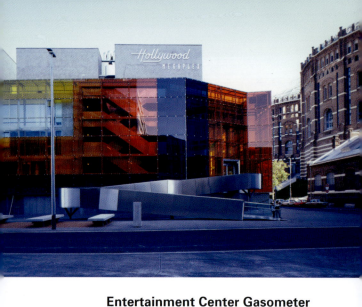

Entertainment Center Gasometer „Pleasure-Dome"

Landstraße
3. Bezirk

Guglgasse 43

Architekten |
architects:
Rüdiger Lainer,
Wien

Bauherr |
builder-owner:
Europa Fonds,
ALAG Beteiligungs
GmbH, Zwerenz &
Krause AG

Bauzeit |
construction time:
1999–2001

Foto | *photo:*
Margherita
Spiluttini, Wien

Das Gebäude ist Teil einer Anlage, die im Zuge der Umnutzung der Gasometer zu Wohnungen entstand. Sie soll dem Areal zu urbanem Leben verhelfen und den Bewohnern Struktur und Aktivität bieten. ■ Der Komplex umfasst ein Kinozentrum mit 15 Sälen, Gastronomie-, Vergnügungs- und Einkaufsmöglichkeiten sowie eine Tiefgarage mit 4 Ebenen. Erschlossen wird das Gebäude über eine lang gezogene Stufenrampe, die im Außenraum beginnt und an der markanten Außenhaut des Gebäudes aus farbigen Glasplatten entlang in die zweite Ebene des Einkaufszentrums führt. Dort schließt sich das Kinofoyer an. Auf diesem Weg bieten sich Ausblicke auf die Gasometer. Die direkte Verbindung dorthin erfolgt über einen dreiseitig verglasten Steg zum Gasometer C. ■ Eine innere Struktur aus Deckenscheiben, Rolltreppen, Verbindungsstegen und den schrägen Außenwänden der Kinosäle definiert die Vergnügungsmall und schafft unterschiedlichste, spannende Raumsituationen.

The centre houses a cinema complex, restaurants, entertainment and shopping facilities as well as an underground carpark. The building is accessed via a stepped ramp that extends from the outdoor area along the distinctive exterior walls to the second level of the shopping centre and the cinema foyer. The ramp offers views of the Gasometer, which can be accessed via a three-sided glazed walkway. ■ The interior structure, consisting of a glass-paned ceiling, escalators, connecting walkways and the slanting exterior walls of the cinema complex, gives the entertainment centre its distinctive look and creates a variety of interesting spatial effects.

Erdberger Steg

Donaukanal km 8+830, Friedensgasse

Der Erdberger Steg ist eine Fußgänger- und Radfahrer-brücke. Er liegt auf einer W-förmigen Hauptkonstruktion und erstreckt sich mit fast 90 Metern Länge über den Donaukanal. Damit ermöglicht er eine weitere Anbindung des dritten Bezirkes über die Haidingergasse an den Prater. ■ Die Schifffahrt macht es notwendig, dass der Steg zur Mitte hin ansteigt und eine Kuppel ausbildet. In diesem Punkt, der Tragwerkmitte, ist die Fahrbahn abgehängt. In einem Abstand von 3,70 Metern zueinander sind seitlich Geländer montiert und begrenzen die Fahrbahn, die mit einem bituminösen Belag mit eingestreuten hellgrauen Quarzsandsteinen beschichtet wurde. ■ Holz und Stahl bilden bei diesem Bauwerk eine Verbundkonstruktion, die jedoch durch das Farbkonzept auf den ersten Blick kaum sichtbar ist. Um ein einheitliches Äußeres zu schaffen, wurden die Holzbauteile hellgrau beschichtet und den Stahlbauteilen optisch angeglichen.

Erdberger Steg is a pedestrian and cyclist bridge. It is installed on a W-shaped structure and extends for almost 90 metres across the Danube Canal. The bridge rises towards the centre point to form an arch. The path is hung from this point – the centre of the supporting structure. Handrails are fitted on each side of the path, which has a bitumen surface scattered with pale grey quartz sandstones. ■ Wood and steel are used in this construction as a uniting element that is barely visible at first glance. The wooden elements are painted pale grey to match the steel elements.

Architekten |
architects:
zeininger architekten Ingenieurbüro A. Pauser ZT-Gesellschaft für Bauwesen GmbH

Bauherr |
builder-owner:
Stadt Wien, MA 29 Brücken- u. Grundbau

Bauzeit |
construction time:
2003

Foto | *photo:*
Sandy Panek, Wien

Bank Austria Filiale am Leberberg

Simmering
11. Bezirk

Svetelskystraße 18

Architekten |
architects:
Günter Lautner,
Wien

Bauherr |
builder-owner:
Bank Austria AG

Bauzeit |
construction time:
1996

Foto | *photo:*
Sandy Panek,
Wien

Das Bankgebäude liegt auf einem Eckgrundstück an einer stark befahrenen Kreuzung am Eingang des Neubaugebietes am Leberberg. Bestehend aus zwei gegeneinander verschobenen Geschossen ragt der obere Baukörper an zwei Seiten über den unteren hinaus und bildet somit eine überdachte Vorzone. Je zwei Seiten der Körper sind verglast beziehungsweise geschlossen ausgebildet. ■ Die großzügige Kundenhalle im Erdgeschoss öffnet sich zu den beiden Straßenfronten und schirmt sich gegen Parkplatz und Supermarkt ab. Über ein offenes Treppenhaus im zweigeschossigen Teil des Gebäudes erreicht man die obere Ebene, in der ein Mehrzwecksaal untergebracht ist, der auch für Ausstellungen geeignet ist. Die Büro- und Nebenräume werden über eine Galerie erschlossen. ■ Das Gebäude, in Skelettbauweise errichtet, ist mit grauen Faserzementplatten verkleidet.

The bank building is located on a plot of land at the corner of a busy crossroads. It has two oppositely-displaced storeys. The upper part of the structure protrudes over the lower part on two sides to create a roofed-over access zone. Two sides of the structure are glazed and two are closed off. ■ The generously-dimensioned customer zone on the ground floor exits onto the two frontages, which borders onto a car park and a supermarket building. The upper floor, which contains a multi-purpose room, is accessed via an open staircase in the two-storey part of the building. The offices and ancillary rooms are accessed via a gallery. ■ The building, which has a skeleton construction design, is clad with grey fibre cement slabs.

Gartensiedlung Neues Leben

Am Hofgartel 16

Die Wohnanlage besteht aus vier Riegeln: drei in einer Reihe, der vierte quer dazu. Intention der Planung war es, eine Bebauung zu schaffen, die zwar laut Gesetzgebung und Flächennutzung einem Geschosswohnungsbau entspricht, aber dennoch größtmöglichen Freiraum und Privatsphäre zulässt. ■ Die Zeilen bestehen aus zweigeschossigen Reihenhäusern, die aber nicht nur aneinandergereiht wurden; es wurden jeweils zwei Maisonettewohnungen übereinander gestapelt. Die Fassaden klappen um acht Grad nach hinten, die Gebäude verjüngen sich nach oben. Dadurch bleibt die Intimsphäre der privaten Außenbereiche gewahrt, gleichzeitig wird die Besonnung der Wohnungen maximiert. Die oberen Einheiten verfügen über Dachgärten, somit erhält jede Wohnung einen zugeordneten, individuellen Freibereich. ■ Der Bau wurde in Holztafelbauweise mit industriell vorgefertigten Elementen errichtet, die an der Außenseite mit silbernen Laminatplatten verkleidet sind.

The residential estate consists of four buildings in rows: three parallel to one another and the fourth at a right angle to them. The planners' intention was to create multi-storey residential buildings that offer maximum possible scope and privacy. ■ They are two-storey terraced houses, each with two maisonettes one on top of the other. The facades incline backwards at an angle of eight degrees and the buildings are tapered at the top. This maximises the level of insolation in the apartments. The upper units also have rooftop gardens. ■ The buildings have timber frame structures and industrial pre-fabricated elements.

Architekten |
architects:
Geiswinkler &
Geiswinkler
Architekten ZT
GmbH, Wien

Bauherr |
builder-owner:
Neues Leben,
gemeinnützige
Wohn- und
Siedlungsge-
nossenschaft

Bauzeit |
construction time:
2001–2003

Foto | *photo:*
Manfred Seidl,
Wien

Wohnanlage Paulasgasse

Simmering
11. Bezirk

Paulasgasse 16

Architekten |
architects:
wurnig/kljajic
architekten, Wien

Bauherr |
builder-owner:
GEWOG

Bauzeit |
construction time:
1998– 1999

Foto | *photo:*
Sandy Panek,
Wien

Der Anlage liegt ein innovatives Konzept zugrunde: Gemeinnützige Bauträger errichten Wohnungen, bei denen die Nutzer einen Teil der Arbeiten selbst ausführen, je nach handwerklichem Geschick des Einzelnen und dem gewünschten Einsparungspotential der Kosten. Die individuelle Wohnungsgestaltung kann, entsprechend Nutzerwunsch, in einem fixierten Rahmen festgelegt werden. ■ Gemeinsam mit der gegenüberliegenden Wohnanlage der Architekten Schwalm-Theiss & Gressenbauer, entstehen zwischen beiden Bauteilen kleine Platzsituationen. ■ Die von Norden nach Süden orientierten Häuserzeilen ähneln in Struktur und Höhen einer Reihenhausbebauung und nehmen dadurch den Maßstab der anschließenden Einfamilienhaussiedlung auf. Die Wohnungen sind geschossweise angeordnet. Über das verglaste Treppenhaus werden die Maisonette-Wohnungen im zweiten Obergeschoss erschlossen. Die Einheiten im Erdgeschoss sind direkt zugänglich.

The complex is based on an innovative concept. Mutual benefit clients build apartments and the residents themselves perform some of the work, depending on their DIY skills and the amount of money they want to save. ■ The rows of buildings, extending from the north to south, are similar in structure and height so that they blend into the neighbouring single-family home estate. The apartments are arranged in storeys. A glass stairwell provides access to the maisonettes on the second floor. The units on the ground floor can be accessed directly.

Selbstbau und Selbstbestimmung

Paulasgasse 14

Simmering
11. Bezirk

Das Projekt sieht eine aus sieben Zeilen bestehende, dreigeschossige Bebauung vor. Die Reihen weisen dabei, entsprechend der Grundstückstiefe, unterschiedliche Längen auf. ■ Das feste Raster der Wohneinheiten erlaubt die Festlegung der Wohnungsgröße in Schritten von ca. 12 bis 13 m², dabei sind Außenhaut, Tragsystem und Installationsschächte fixiert. Gleichmäßige, dem Raster folgende Lochfassaden ermöglichen die freie Aufteilung. ■ Jede Einheit verfügt über einen eigenen Grünraum, die Fläche zwischen den Zeilen wurde in kleine Gärten aufgeteilt. Das zweite Obergeschoss wird von einem am Fußweg gelegenen verglasten Treppenhaus erschlossen. Die Erdgeschosseinheiten sind direkt zugänglich, die Wohnungen im ersten Obergeschoss über eine eigene Stahltreppe erreichbar. Die unterschiedliche Farbgestaltung gibt den Höfen verschiedene Charaktere und erleichtert die Orientierung.

The project comprises a three-storey development in seven rows. The rows differ in length. ■ The fixed layout of residential units enables the establishment of unit size in increments of approx. 12 to 13 m². The shell, support system and installation shafts are fixed; uniform windowed facades that reflect the layout concept ensure that there are no constraints on segmentation. ■ Each unit has its own green area. The second floor is accessed via a glass-encased stairway. The ground floor units have direct access, and the apartments on the first floor can be reached via a steel staircase. Different colours provide the courtyards with different characters and simplify orientation.

Architekten | architects:
G. Schwalm-Theiss,
H. Gressenbauer,
Wien

Bauherr | builder-owner:
Wohnbau-vereinigung für Privatangestellte Gemeinnützige Gesmbh

Bauzeit | construction time:
1997–1999

Foto | photo:
Atelier Schwalm-Theiss/ Gressenbauer, Wien

Wohnhausanlage Laaerberg

Favoriten
10. Bezirk

Laaer-Berg-Straße ON. 67–69

Architekten |
architects:
Zechner & Zechner
ZT GmbH, Wien

Bauherr |
builder-owner:
Gemeinde Wien

Bauzeit |
construction time:
1999– 2001

Foto | *photo:*
Thilo Härdtlein,
München

Die Wohnhausanlage entstand auf der Grundlage eines Bauträgerwettbewerbs auf einem Grundstück, das an einer Seite an die stark befahrene Laaer-Berg-Straße grenzt und an dieser von einem markanten Höhensprung dominiert wird. Die andere Grundstücksseite schließt sich an das Naherholungsgebiet Laaer Wald an. ■ Das Gesamtareal wurde in vier Baufelder aufgeteilt, eine gemeinsame Tiefgarage bildet den Sockel der darüber liegenden Bebauung. So wurde eine differenziert gestaltete Ebene geschaffen, die als öffentliche Grün- und Spielfläche dient. Die Wohnbebauung erhebt sich aufgeständert über diesem Freiraum, der Durchblicke auf den umgebenden Grünraum zulässt. Die Wohnräume sind nach Süden orientiert. Die in Leichtbau ausgebildeten Trennwände ermöglichen eine flexible Aufteilung der Einheiten. Terrassen, Loggien und Privatgärten ergänzen das Angebot.

The residential complex was built on a plot of land bordering onto the busy Laaer-Berg-Strasse at a stretch of road that rises sharply. The other side of the land adjoins the Laaer Forest recreation park. ■ The entire plot was divided into four development zones, and a communal underground carpark forms the socle. A differentiated level was created which serves as a public park and play area. The residential development is located on columns above this public space to provide a view of the surrounding green area. The residential units face south. Light construction-type partitions enable the flexible partitioning of the units.

Wohnhaus Siccardsburggasse

Siccardsburggasse 72–74

Favoriten
10. Bezirk

Der Wohnbau zeichnet sich durch seinen Mix von Wohnungen für Familien und Alleinstehende aus. Hierbei sind die Familienwohnungen ost-west-orientiert und bilden den Abschluss zur Siccardsburggasse. Die Singlewohnungen liegen an der Hardtmuthgasse und sind nach Süden orientiert. ■ Beide Gebäudeteile gruppieren sich um einen strukturierten und sehr grafisch gestalteten Innenhof mit Wasserbecken, Rasenflächen und Blumenbeeten. Gefasst wird der Hof von einer umlaufenden Holzterrasse, die im Erdgeschoss an die Laubengangerschließung der Kleinwohnungen angrenzt. ■ Die Grundrisslösung der großen Wohnungen kennzeichnet der zentrale Sanitärblock, um den sich alle Zimmer gruppieren. Somit ist ein freies Bewegen um diesen Kern möglich. In den Kleinwohnungen können Wohn- und Schlafzimmer mittels einer breiten Schiebetür miteinander verbunden werden.

The residential building is distinguished by a mix of apartments for families and singles. The family apartments are east-west oriented and border onto Siccardsburggasse. The single-person apartments are on Hardtmuthasse and face south. ■ Both sections of the building are grouped around a structured, graphically-designed courtyard with ponds, grassed areas and flower beds. The courtyard is surrounded by a wooden terrace that borders onto the access balconies on the ground floor. ■ The layout of the larger apartments is defined by the central utilities block and all rooms are grouped around it. The small apartments have living and sleeping areas that are connected via a sliding door.

Architekten |
architects:
Patricia Zacek,
Wien

Bauherr |
builder-owner:
Neues Leben
Gemeinnützige
Bau-, Wohnungs-
und Siedlungsge-
nossenschaft

Bauzeit |
construction time:
2002– 2003

Foto | *photo:*
Andrew Phelps,
Salzburg

Außenstelle des Stadtgartenamtes Wien 11

Simmering
11. Bezirk

Seeschlachtweg 430

Architekten |
architects:
Hillinger
Mayrhofer, Wien

Bauherr |
builder-owner:
Gemeinde Wien /
MA 42 –
Stadtgartenamt

Bauzeit |
construction time:
2002–2003

Foto | *photo:*
Sandy Panek,
Wien

Das Gebäude dient fünfundvierzig Mitarbeitern des Stadtgartenamtes der Stadt Wien als Stützpunkt und gliedert sich in drei Bereiche: Werkstätte und Lagerflächen im hinteren Teil, in der Mitte die Stellflächen für die Fahrzeuge und im vorderen Bereich Aufenthaltsraum und Kantine. Dieser öffnet sich mittels einer großzügigen Verglasung zum umgebenden Park, darüber liegen die Duschräume. ■ Die für die Unterbringung der Funktionen notwendigen Höhen bleiben sichtbar und bestimmen die äußere Form des Baukörpers, der aus Betonfertigteilen in Kombination mit einem frei gespannten Stahltragwerk errichtet wurde. ■ Die äußere Hülle ist mit türkisen Brandschutzpaneelen verkleidet. Diese Farbgebung wird im Gebäudeinneren fortgeführt – Türkis umschließt die Aufenthaltsbereiche.

The building serves as a base for the forty-five employees of the Vienna Municipal Park Authority and is divided into four secitons: workshops and storage rooms at the back, parking spaces for cars in the middle and a staff room and canteen at the front. These areas are fitted with generously-sized window fronts looking out over the surrounding park, and there are shower rooms on the floor above. ■ The heights that are necessary to house the functional equipment visibly characterise the external shape of the building, which was constructed in pre-fabricated concrete sections in combination with a visible steel structure. ■ Turquoise fire-proofing panels have been affixed to the external shell and the same colour is featured inside the building in the staff rooms.

ÖBB Stellwerk ZSTW Wien Süd-Ost

Südbahnhof

Favoriten
10. Bezirk

In direkter Umgebung der vielfachen Schienenstränge, Oberleitungen und vorbeirauschenden Züge der Bahn steht der bronzenfarbene, metallene Baukörper des Stellwerks als markanter Punkt in der artifiziellen Landschaft des Bahngeländes. ■ Durch seine zurückhaltende klare Farben- und Formensprache tritt das Schaltwerk nicht in Konkurrenz mit seiner Umgebung, sondern fügt sich geschmeidig in sie ein. ■ Auffallend sind die großzügigen Verglasungen, die trotz moderner Bildschirmtechnik die Aufenthalts- und Arbeitsräume belichten und somit den Bezug zu dem eigentlichen Ort der Arbeit – dem Schienenverkehr – zulassen. Für die Fahrgäste in den passierenden Zügen jedoch bleibt der Einblick in den Baukörper verwehrt. Sie spiegeln sich in den reflektierenden Glasscheiben und werden zum Bahnhof des nächsten Ankunftsortes weitergeleitet.

Architekten | architects:
Riepl Riepl Architekten, Linz

Bauherr | builder-owner:
ÖBB

Bauzeit | construction time:
2001–2002

Foto | photo:
Dietmar Tollerian, Linz

The bronze-coloured, metal signal box is a distinctive landmark on the artificial landscape of the railway site in the immediate vicinity of the many different railway tracks, overhead lines and passing trains. ■ Its muted yet clear colour scheme and form language ensures that there is no rivalry between the signal box and its surroundings. On the contrary, it blends right in. ■ The signal box has distinctive, generously-sized glass panels which, despite the modern control technology, do not illuminate the living and working areas and make a direct reference to the signal box's actual railway traffic control function. However, the passengers in passing trains are not able to look inside the building.

IP.ONE

Favoriten
10. Bezirk   Fernkorngasse 10

Architekten |
architects:
BKK-3, Wien

Bauherr |
builder-owner:
PRISMA/SIAG

Bauzeit |
construction time:
2000–2001

Foto | *photo:*
Hertha Hurnaus,
Wien

Eine Gebäudetypologie, die bisher fast ausschließlich in
der Peripherie der Stadt zu finden war – das Gewerbe-
zentrum – betritt die Bühne der Innenstadt. Das Impuls-
zentrum (IP) bietet 7.000 m² Nutzfläche, gelegen in der
historischen Blockstruktur des 10. Wiener Gemeinde-
bezirkes. ■ Ein eigenes Management fördert den Aus-
tausch der ansässigen Firmen, unterstützt gemeinsame
Projekte, vermietet Seminarräume sowie den Veranstaltungssaal, der die ehemalige Hoffläche einnimmt und
den Neubau mit dem umliegenden Altbestand verbindet.
Ein Restaurant dient tagsüber als Kantine, abends ist es
für jedermann zugänglich. ■ Die inhaltliche Beziehung zu
den vorangegangenen Sargfabrikbauten der Architekten,
in diesem Fall Gewerbe statt Wohnbau, manifestiert sich
auch in der Gestaltung des Bauwerks. Fassade und Dach
werden zusammengefasst, an der Hülle lässt sich die Organisation im Inneren ablesen, sogar die Farbe Orange
wiederholt sich.

The IP trade centre is a block structure with 7,000 m² of
floor space in the 10th district of Vienna. The centre's
own management encourages communication between
the firms that are located there, supports joint projects
and leases seminar rooms and the function room on the
former courtyard, which links the original building to the
extension. ■ The building's design manifests the relation-
ship of its content to the architects' previous box-type
factory buildings. Facade and roof are combined, the in-
ternal structures are evident on the shell and the colour
orange is repeatedly used.

Garten der Kinder am Erlachplatz
Kindertagesheim der Stadt Wien

Gudrunstraße 163 A

Favoriten
10. Bezirk

Der zwischen den Mietshäusern des 10. Wiener Gemeindebezirks liegende Kindergarten bildet den städtebaulichen Abschluss des Parks am Erlachplatz zur Gudrunstraße. ■ Im Erdgeschoss befinden sich straßenseitig die Service- und Verwaltungszone, dem Park zugewandt die Gruppenräume. Im Obergeschoss, in Anbindung an die Gruppenräume und auf Stelzen mitten in den Baumkronen – schon fast im Park stehend – liegt die Holzbox, das so genannte „Baumhaus". ■ Die Möglichkeit, Hülle und Einrichtung gemeinsam planen zu können, macht aus dem farbenfrohen Kindergarten ein nahezu perfekt auf die Kinder zugeschnittenes Paradies. Freibereiche, Fenster, Durchblicke – alles ist maßstabsgerecht auf die Nutzer abgestimmt. Ein Spiel mit Oberflächen und Fassadenmaterialien zieht sich konsequent durch das Gebäude – Aluminium- und Holzfassade wechseln sich mit leuchtend blauen und orangen, groben Putzfassaden ab. Ein wohltuendes Idyll im sonst so tristen Arbeiterbezirk.

The nursery school is located between tenant-occupied houses and adjoins the park on Erlachplatz. The service and administration zones, as well as the classrooms, are located on the ground floor. On the upper floor is the tree house – a wooden box on stilts up in the tree tops. ■ Since it was possible to jointly plan the shell and interior fittings, this colourful nursery school has turned out to be an almost perfect paradise for children. A play on surface finishes and facade materials is consistently evident all over the building. Aluminium and wooden facades are interspersed with rough, orange-coloured plaster facades.

Architekten |
architects:
BUS architektur,
Wien

Bauherr |
builder-owner:
Stadt Wien/
MA 19 –
Architektur und
Stadtgestaltung

Bauzeit |
construction time:
1997–1999

Foto | photo:
Sandy Panek,
Wien

LEE Sozialer Wohnbau

Favoriten
10. Bezirk   Leebgasse 46

Architekten |
architects:
querkraft architek-
ten zt-keg, Wien

Generalplaner |
general planner:
Schwalm-Theiss,
Wien

Bauherr |
builder-owner:
GPA WBV

Bauzeit |
construction time:
2003–2004

Foto | *photo:*
Margherita
Spiluttini, Wien

Der Wohnbau besticht durch die Farbigkeit seiner Fassaden. In einer Baulücke zwischen zwei grauen Altbauten positioniert, wachsen auf den Gebäudefronten im-
mergrüne Gräser. Sämtliche Öffnungselemente sind als
geschlossene grüne oder gelbe Paneele in die Ganz-
glasfassade eingesetzt und folgen so dem Farbkonzept.
Die Balkone zur Hofseite, jeweils ca. 43 cm über der Fuß-
bodenoberkante der Wohnungen angeordnet und mit einer durchgehenden Sitzbank ausgestattet, laufen von der
eigentlichen Balkontiefe zu einem Spitz zusammen.
Durch das Hochsetzen der Balkone dringt das Sonnen-
licht tief in die Wohnungen hinein. ■ Straßenseitig sind
keine Balkone gestattet, hier wurden begehbare Gesim-
se mit derselben Brüstungsverglasung vorgeblendet. Alle Wohneinheiten lassen sich um einen in der Gebäude-
mitte liegenden Sanitärkern herum entsprechend den
Bedürfnissen der Bewohner aufteilen.

The residential building is distinguished by the colours of
its facades. It is positioned in a gap between two grey
old buildings, and evergreen plants grow up the building's facade. All aperture elements are integrated in the
closed glass facade as green or yellow panels. ■ The balconies on the courtyard side are tapered from the deepest point. The elevation of the balconies enables sunlight
to penetrate deep into the apartments. ■ Balconies are
not permitted on the side facing the street. Here, walk-
on corbels with the same balustrade glass panels have
been installed. All apartments can be partitioned in accordance with the users' requirements around a utility
core at the centre of the building.

Wohnbau Laubeplatz

Laubeplatz 3

Favoriten
10. Bezirk

Das Gebäude liegt dem Querkraft-Wohnbau gegenüber und ist über einen gemeinsam genutzten Innenhof mit diesem verbunden. ■ Zur Hofseite sind die fünfseitig verglasten, mit spiegelnden Kreissegmenten künstlerisch gestalteten Wintergärten angeordnet, die jeweils Wohnraum und Küche zugeordnet sind. Die durchgesteckten Wohnungen erhalten auf der anderen Gebäudeseite, die sich zu einem Park hin orientiert, die vom Architekten als „Theaterlogen" bezeichneten Loggien. Deren Brüstungsverglasung wurde verspiegelt ausgeführt. Sie erlaubt Aus-, verhindert aber Einblicke. Der glitzernde Putz verstärkt den flimmernden Eindruck der Fassade. Der Erschließungskern lässt sich durch seine liegenden und stehenden Fensterformate in dieser Gebäudefront deutlich ablesen. ■ Eine Wandscheibe in Sichtbetonausführung markiert den straßenseitigen Gebäudeeingang, der in eine rote Lobby mündet.

Architekten |
architects:
August Sarnitz,
Wien

Bauherr |
builder-owner:
GPA WBV

Bauzeit |
construction time:
2003– 2004

Foto | *photo:*
Alexander
Traugott, Wien

The building is opposite the Querkraft residential block and is connected to it via a jointly used courtyard. ■ On the courtyard side is an artistically designed, pentagon shaped glass conservatory with reflective circular segments. On the other side of the building, the apartments have loggias which the architect describes as "theatre boxes". The glass panels on the balustrades are reflective. This enables the users to look out, though other people cannot look in. The sparkling plaster enhances the facade's glitter effect. The core aspect of the development is defined by the flat and upright window formats on this building facade.

Geriatriezentrum im Kaiser-Franz-Josef-Spital

Favoriten
10. Bezirk

Kundratstraße 3

Architekten |
architects:
Anton Schweig-
hofer, Wien

Bauherr |
builder-owner:
KAV Krankenan-
staltenverbund,
MID
Garagenerrich-
tungsgesmbH,
Wien

Bauzeit |
construction time:
1999–2003

Foto | photo:
Sandy Panek,
Wien

Für den 1996 von der Stadt Wien ausgelobten Wettbewerb suchte der Architekt nicht nur nach einer Gebäudehülle für neue Pflegeplätze, sondern entwickelte einen neuen Bautyp für betreutes Altenwohnen im Krankenhausbereich. Die Lösung war die Umkehrung des bekannten Systems mit am Gang angeordneten Einzelzimmern zu einer „offenen" Wohnform, in der die Bewohner ihren Rückzugsraum selbst definieren und jederzeit dem Allgemeinraum öffnen können. ■ Der Vorplatz und die Tiefgarageneinfahrt werden von einem großen Metallgerüst überspannt, durch welches Bäume wachsen. Es zoniert den öffentlich genutzten Freibereich und weist den Besuchern und Bewohnern den Weg zum Eingangsbereich des Gebäudes. ■ Im Sockelbereich unter den beiden lang gestreckten Baukörpern finden sich die gemeinsam genutzten Servicebereiche der Altenpflege, die Allgemeinräume sowie der Aufgang zu den beiden Wohntrakten. ■ In jedem Geschoss findet sich ein wintergartenartiges Foyer, welches die nächste Abstufung in die Privatheit der einzelnen Zimmer bildet.

When considering new building models for supervised elderly citizens' residential homes, the planners decided to reject familiar systems, which have single rooms along a corridor, and to use an "open-plan" concept which enables the residents to define their personal space themselves and open it up to the communal area at any time. A metal frame zones the public outdoor area and leads to the building's entrance. ■ A nurse's service area is located in the socle zone underneath the two long buildings, as are the communal rooms and access to the two residential sections.

Coca-Cola Beverages

Triesterstraße 91

Favoriten
10. Bezirk

Errichtet wurde das Gebäude als schmuckloser Verwaltungsbau in den 1950er Jahren. Im Zuge der Stadterweiterung am Wienerberg hat es eine Aufwertung erfahren. In den unteren Geschossen liegen Produktionshallen, in denen man vor fünfzig Jahren durch eine große Glasfront beobachten konnte, wie Colaflaschen auf einem Förderband ihrer Befüllung harren. Die oberen Ebenen dienen der Büronutzung. ■ Die bestehende Substanz wurde bis auf Stahlbetonskelett und Deckenscheiben entkernt und ein zusätzliches Geschoss hinzugefügt. Die neue Haut aus Aluminiumpaneelen und Verglasungen ist scheinbar unregelmäßig als Lochfassade angeordnet und wurde am Computer für dieses Gebäude entwickelt. Dies begründet sich aus der inneren Organisation und den Anforderungen an möglichst blendfreie Bildschirmarbeitsplätze. ■ Die Fassadenmodule – zu öffnende Elemente, Fixverglasungen, geschlossene Paneele – wurden so definiert, dass bei geänderten Nutzungsanforderungen des Innenraumes die Fassade mit ihren Einzelelementen leicht verändert und angepasst werden kann.

Apart from the reinforced concrete shell and ceilings, the substance of the 1950s administrative building was removed. ■ The new skin, consisting of aluminium and glass panels, is arranged in an apparently irregular pattern to create a windowed facade. This concept was chosen to reflect the internal structure of the building and to satisfy requirements of glare-free workstations. The facade modules were defined to ensure that they can be changed and adapted if utilisation requirements change.

Architekten | architects: Elsa Prochazka, Wien

Bauherr | builder-owner: Coca-Cola Beverages

Bauzeit | construction time: 1998–1999

Foto | photo: Sandy Panek, Wien

Twin Tower

Wienerbergstraße 11

Architekten |
architects:
Massimiliano
Fuksas, Rom (I)

Bauherr |
builder-owner:
Immofinanz Immo-
bilien Anlagen AG,
Wienerberger Bau-
stoffindustrie AG

Bauzeit |
construction time:
1999–2001

Foto | photo:
Angelo Kaunat,
Graz

Als eines der ersten Bauwerke am Wienerberg entstanden die TwinTowers, die auch heute noch die Silhouette
am stärksten prägen und mit ihren 37 Geschossen und
138 Metern am höchsten aus der Skyline herausragen.
■ Zwei rechteckige Türme stehen im Winkel von 59 Grad
zueinander und unterscheiden sich sowohl in Höhe als
auch in Grundrissproportion. Verbunden durch mehrere
Brücken, haben sie eine gemeinsame Basis, in der in zwei
oberirdischen Geschossen und mehreren Tiefgeschossen
unter anderem ein Kino und mehrere Restaurants untergebracht sind. ■ Durch das offene Raumgefüge und
große Oberlichtverglasungen sind die aufragenden Türme immer wieder aus dem Inneren des Sockels erleb-
bar. Die Lobby der ganzverglasten Hochhäuser befindet
sich im ersten Obergeschoss, welches als schwebende
Ebene im Raum liegt und von der aus die Bürogeschos-
se erreicht werden können.

The two towers are set at an angle of 59 degrees to each
other and have different heights and widths, although
they do have the same basic rectangular shape. They
are linked by several bridges and have a common socle.
The two overground storeys and several underground
storeys house a cinema and several restaurants, among
other things. ■ The open-plan room structures and a
large skylight ensures that the towers are always visible
from the inside of the socle. The lobby of the glass towers is located on the first floor. It appears to "float" in
mid-air and provides access to the office floors.

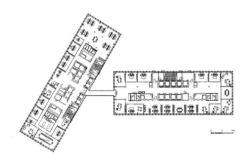

Grundriss | floor plan

City Lofts Wienerberg

Favoriten
10. Bezirk

Hertha-Firnberg-Straße 10

Architekten |
architects:
Delugan Meissl
Associated
Architects, Wien

Bauherr |
builder-owner:
Kallco Bauträger
GmbH

Bauzeit |
construction time:
2002–2004

Foto | *photo:*
Hertha Hurnaus,
Wien

Grundlage der Planung war die Forderung nach einem
Kindertagesheim, Wohnungen und Arbeitsräumen bei
klar definierten acht Geschossen und einer Raumhöhe
von 2,50 m. Den Architekten gelang es, durch Variation
und Interpretation dieser Vorgaben ein räumliches Ge-
flecht aus differenzierten Wohnungen zu schaffen, die
über ein mäanderförmiges Gangsystem miteinander verbunden werden. ■ Die an der Südseite gelegenen Wohnräume weisen eine Raumhöhe von 3,38 m auf, auf der
Nordseite entstanden Räume mit nur 2,38 m Höhe. Den
neun Geschossen im Süden stehen somit elf Geschosse im Nordteil des Gebäudes gegenüber. Durch die Ver-
schmelzung der Seiten entstehen 47 unterschiedliche
Wohnungstypen: Garconniere, Split-Level-Wohnungen,
Maisonetten. ■ Die auf der Nordseite gelegenen verglasten Boxen dienen als Arbeits- oder Hobbyräume, die se-
parat angemietet werden können. Diese Boxen ergeben
im Wechselspiel mit den L-förmigen Fenstern der Schlafräume ein Fassadenbild, welches die Komplexität der inneren Struktur widerspiegelt. Ein schwarzes Glasband
als Brüstungsband vor den Loggien im Süden greift die
Idee des Mäanders auf.

The plans for this development had to satisfy the requirements of different institutions and provide for eight, clear-
ly-defined floors with headroom of 2.50 m. By varying
and interpreting these specifications, a mixture of apartments were created, linked together via a meandering
system of corridors. The rooms are between 2.38 and
3.38 metres in height and there are up to eleven
floors. Merging the sides creates 47 different types of
apartment.

Wienerberg City

Hertha-Firnberg-Straße

Favoriten
10. Bezirk

Das im südlichen Stadtentwicklungsgebiet Wienerberg gelegene Ensemble besteht aus drei Gebäuden: zwei Wohnhochhäusern mit 77 beziehungsweise 55 Metern Höhe sowie einem weiteren, kleineren Wohnhaus. ■ Die Sockelzone ist geprägt von den zweigeschossigen Eingangslobbys mit Concierge und Besucherlounge sowie den fließenden Übergängen in die angrenzenden Freibereiche mit ihren Elementen wie Rampen, Plattformen, Terrassen und begehbaren Vordächern. ■ Alle drei Bauwerke werden in 26 Meter Höhe über einen Steg, den „Skyloop", miteinander verbunden. Dieser ermöglicht es, die Gemeinschafts- und Kommunikationsbereiche im achten und neunten Geschoss (Sky-Lobby, Wellness-Zone sowie das offene Dachschwimmbad) für die Bewohner aller drei Türme nutzbar zu machen. ■ Die Wohnungen bieten atemberaubende Ausblicke – wahlweise über die Stadt oder über den Wienerwald bis zum Kahlenberg.

The ensemble consists of three buildings: two high-rise residential buildings of 77 and 55 metres in height and a smaller residential building. ■ The socle zone is characterised by the two-level entrance lobby and the flowing transitions to the neighbouring outdoor zones, which feature elements such as ramps, platforms, patios and walk-on porches. ■ All three buildings are connected at a height of 26 metres via the "Skyloop" walkway. This enables the users of all three towers to use the communal and communication areas on the 8th and 9th floors. ■ The apartments offer breathtaking views – either across the city or over Wienerwald Forest as far as Kahlenberg.

Architekten |
architects:
Coop
Himmelb(l)au,
Wien

Bauherr |
builder-owner:
SEG, Mischek ZT
GmbH

Bauzeit |
construction time:
2002–2003

Foto | *photo:*
Stefan
Fussenegger,
Wien

Flughafenerweiterung Skylink

Flughafen
Wien-
Schwechat

Flughafen Wien Schwechat

Architekten |
architects:
ARGE Itten Brech-
bühl AG, Bern (CH)/
Baumschlager-
Eberle GmbH,
Lochau

Bauherr |
builder-owner:
Flughafen Wien
AG

Bauzeit |
construction time:
2005–2008

Visualisierung |
rendering:
ARGE Itten Brech-
bühl AG, Bern (CH)/
Baumschlager-
Eberle GmbH,
Lochau

Auf der Grundlage eines Masterplans aus dem Jahre 1999 wurde für eine dringend notwendige Entwicklung des Wiener Flughafenareals ein Bebauungs-, Verkehrs-, Grün- und Gestaltungskonzept erstellt. Die Arbeitsgemeinschaft Itten Brechbühl AG/Baumschlager Eberle GmbH wurde mit der städtebaulichen Gestaltung und Terminalerweiterung Nordost beauftragt. Dieses Projekt stellt dem gewachsenen Konglomerat eine ordnende Großstruktur entgegen, die den Bestand funktionell und architektonisch integriert. ■ Hauptelemente der Erweiterung sind der neue Terminal, die Piers Nord und Süd sowie ein Verbindungsbau. Der sichelförmige Hauptbau wird dabei das Bild des Flughafens prägen. Neue räumliche Beziehungen und Durchblicke erleichtern die Orientierung. Sichtbezüge auf das Flugfeld verbinden das Geschehen im Inneren mit dem Äußeren und sollen das Erlebnis Flughafen steigern.

Based on a masterplan dating back to 1999, a development, traffic, green zone and design concept was created for an urgently necessary development at Vienna Airport. The project provided the large conglomerate with a tidy, large-scale structure that integrates functional and architectural aspects. ■ The main elements of the extension are the new terminal, the north and south piers and a connecting wing. The sickle-shaped main structure will characterise the airport's appearance. New spatial relationships and vistas simplify orientation. Visual references on the airfield link the proceedings inside and outside the airport and enhance the "airport experience".

Bürogebäude Objekt 645

Flughafen Wien Schwechat, Objekt 645

Das Gebäude dient den Fachplanern der Flughafener-weiterung als Bürogebäude und wurde auf der Grundla-ge der städtebaulichen Rahmenplanung am Eingangs-bereich des Kerngebietes des Flughafens situiert. ■ Das Traggerüst des Bauwerks besteht aus einer einfachen Struktur aus Deckenplatten, die im Rauminneren von Stützen getragen werden. Der Erschließungskern mit Treppen, Aufzügen und Sanitärzonen wird über vertikale Lichtkörper beleuchtet. Um diesen herum können je nach Anforderung Zellen-, Kombi- oder Großraumbüros ange-ordnet werden. ■ An zwei Seiten wird das Gebäude von einer Hülle aus schuppenförmig angeordneten Glasta-feln umschlossen. Dieser Glasmantel wird durch eine in-nen liegende zweite Schicht, die eigentliche Klimafassa-de mit Fixelementen und Öffnungsflügeln ergänzt. Das einfallende Licht wird von den beiden Ebenen unter-schiedlich reflektiert, die Fassade reagiert dadurch auf die Lichtverhältnisse, scheint sich ständig zu verändern.

The office building for the architects planning the airport extension is located at the entrance to the airport's core zone. ■ The load bearing structure is simple. It consists of structural slabs held up by supports inside the build-ing. The core aspect of the development, with stairs, lifts and sanitary zones, is illuminated by vertical lighting in-stallations. Cell-type, combination or open-plan offices can be arranged around these. ■ The building is encased on two sides by scale-shaped glass panels. This glass shell is supplemented by a second layer on the inside, which is the actual climate-control facade. Both levels re-flect incoming light in different ways, which gives the fa-cade an ever-changing appearance.

Architekten |
architects:
ARGE Itten Brech-bühl AG, Bern (CH)/
Baumschlager-Eberle GmbH,
Lochau

Bauherr |
builder-owner:
Flughafen Wien
AG

Bauzeit |
construction time:
2001

Foto | *photo:*
Eduard Hueber/
archphoto,New
York (USA)

Tower Flughafen Wien

Flughafen
Wien-
Schwechat

Towerstraße Objekt 120

Architekten |
architects:
Zechner & Zechner
ZT GmbH, Wien

Bauherr |
builder-owner:
Flughafen Wien
AG

Bauzeit |
construction time:
2003–2005

Foto | *photo:*
Thilo Härdtlein,
München

Im Zuge der Neugestaltung des Flughafenareals in Wien Schwechat, bei welcher der bestehende Turm der Umstrukturierung und Neubebauung weichen musste, ist der Neubau eines neuen Kontrollturms mit Flugsicherungsstelle notwendig geworden. ■ Der Turm beinhaltet zwei Funktionen: die Flugsicherung im Sockelbereich und den Kontrollturm im Kopfbereich. Aus den städtebaulichen Gegebenheiten und den Funktionen entwickelt sich der Turm durch seine Drehung um fast 45 Grad vom Sockel bis zur Kanzel zu seinem signifikanten Erscheinungsbild. So ist die Sockelzone von den umgebenden Straßenzügen und Baufluchtlinien gefasst, der Kopfbereich erfordert seine Hauptblickrichtung zum Flugfeld. ■ Vermittelnd zwischen diesen beiden verschwenkten Bereichen schraubt sich die Übergangszone, in ihrer Außenkontur mit einer textilen, durch Lichteffekte und Projektionen bespielbaren Haut bespannt, in den Himmel des Flughafens und entwickelt durch die entstehende vertikale Dynamik ihren städtebaulichen Signalcharakter.

The new tower at the airport houses the air traffic control team in the base zone and the control tower team at the top. The tower was designed to reflect urban development requirements and its functions with a twist from the base to the top, which provides it with its distinctive appearance. The base zone is enclosed by the surrounding roads and building lines, and the top faces out onto the airfield. ■ A transition zone winds its way upwards between these two zones creating vertical dynamism and making a powerful statement.

Grundriss | floor plan

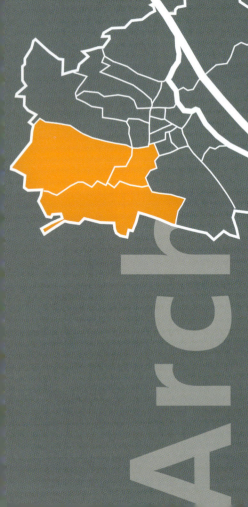

Meidling
Hietzing
Liesing

Bürohaus_r12

Fockygasse 29–31

Eine bestehende, ungefähr 30 Meter lange Baulücke bot Raum für den Neubau einer Druckerei mit Reprobereich. Die Feuermauern der angrenzenden Gebäude wurden mit Sandsteinplatten verkleidet und bildeten die Lücke für das neue Bauwerk. ■ Im Erdgeschoss, einem dunklen, eigenständigen Baukörper findet die Interaktion Außenraum – Innenraum statt. Zurückgesetzt von der Straße betritt man das Gebäude. Tiefgarageneinfahrt, Lieferrampe und Empfang sind hier situiert. Darüber stapeln sich auf vier Geschossen Großraumbüros, denen ein großzügiger, linearer Erschließungsbereich vorgelagert ist, der gleichzeitig als Kommunikationsplattform und Pausenraum dient. Eine helle, steinverkleidete Scheibe schließt diese Bereiche zur Straße hin ab. ■ Hofseitig sind die Büros mit einer Lochfassade aus französischen Fenstern ausgestattet. Der gesamte Produktionsbereich liegt im Erdgeschoss; auf dessen Gründach befindet sich der eigenständige, holzverkleidete Konferenzraum, der vom ersten Obergeschoss aus erschlossen wird.

The new building is constructed on a gap site and houses a printing firm with repro department. The entrance to the building is set back from the street, and the underground carpark, delivery ramp and reception are located here. Above this area are four storeys of open-plan offices, preceded by a generously-sized, linear foyer. ■ On the courtyard side, the offices have a perforated facade with French windows. The entire production department is located on the ground floor. It is covered by a green roof on which the stand-alone, wooden-clad conference room is being developed for access from the first floor.

Architekten | *architects:* archiguards projects ®, Wien

Bauherr | *builder-owner:* REPROZWÖLF Spannbauer GmbH & Co. KG

Bauzeit | *construction time:* 2003– 2004

Foto | *photo:* Gerald Zugmann, Wien

Wohnhausanlage Rotenmühlgasse

Meidling
12. Bezirk

Rotenmühlgasse 50

Architekten |
architects:
Josef
Weichenberger
_architekten,
Wien

Bauherr |
builder-owner:
GPA WBV

Bauzeit |
construction time:
2004–2005

Visualisierung:
LaubLab, Wien

Das sechsgeschossige Mehrfamilienwohnhaus im 12. Wiener Gemeindebezirk schließt eine Baulücke auf einem mit eindrucksvollem Baumbestand bewachsenen Grundstück. ■ Die straßenseitige Lückenschließung wird anhand einer vor das Gebäude gehängten vertikalen Betonrahmenkonstruktion vorgenommen, in die faltbare Holzpaneeelemente zur Beschattung und als Sichtschutz der dahinter verborgenen Räume integriert sind. In der hofseitigen Fassade wird, je nach Nutzung des dahinter liegenden Raumes, dieser Betonrost abwechselnd mit Balkonplatten, Loggien oder Paneelfaltelementen gefüllt. ■ Der kubische, geordnete Baukörper wird in der Dachzone durch auskragende Betondächer und schräg gestellte Ganzglasfassaden abgeschlossen und seine klare Formensprache somit unterstrichen.

The six-storey residential complex in Vienna's 12th district fills a gap on a plot of land with impressive trees. The gap facing onto the street is filled by a vertically hanging concrete framework structure, which incorporates folding wooden panels to provide shade and obstruct the view into the rooms behind it. ■ The courtyard facade is filled with concrete piled pier, balconies, loggias and folding panel elements depending on what the room behind it is used for. ■ The roof zone of the cuboid building features protruding concrete roofs and slanting glass facades which underline its form language.

Büropenthouse Meidlinger Hauptstraße

Meidlinger Hauptstraße 15 / Arndtstraße 89

Meidling
12. Bezirk

Von Meidlinger Hauptstraße und Arndstraße gefasst, thront der futuristische Büro-Dachaufbau am Kopfende des Platzes. Er gliedert sich, umgeben von einer Mischung aus diversen Epochen der Architekturgeschichte, in seine Umgebung ein, ohne sich ihr anzubiedern und schwebt über den vorbeischreitenden Menschen, ohne dabei beängstigend oder erdrückend zu wirken. ■ Die mit Holzelementen ausgefachte Stahlkonstruktion ermöglicht es, die expressive Gestalt des Neubaus auf dem Dach des Bestandsgebäudes zu positionieren. Im Inneren des neuen Daches teilen sich vier Büroeinheiten die Flächen und Terrassen.

Facing onto Meidlinger Hauptstrasse and Arndtstrasse, the futuristic office penthouse is located at the top end of the square. It blends in with the surroundings, which consists of a mixture of buildings dating back to various architectural epochs, without appearing pretentious, and hovers above passers-by without causing alarm or having an oppressive effect. ■ The steel structure with cantilevered wood elements enables the positioning of the expressive design of the new building on the roof of the existing one. Inside the new penthouse extension, four office units share the floor area and terraces.

Architekten |
architects:
Heinz Lutter, Wien

Bauherr |
builder-owner:
GKHK

Bauzeit |
construction time:
2004–2005

Foto | *photo:*
Sandy Panek,
Wien

SI+

Gloriettegasse

Architekten |
architects:
arge SI+, Wien
AllesWirdGut
Architektur ZT
GmbH,
rainer pirker
architeXture,
werkraum_wien

Bauherr |
builder-owner:
privat

Bauzeit |
construction time:
2002–2003

Foto | *photo:*
Sandy Panek,
Wien

Das Wohnhaus liegt im Villenviertel Wiens, in der Hietzinger Denkmal- und Landschaftsschutzzone. Durch eine hohe Stützmauer vom Straßenraum getrennt, eröffnet der Eingangshof erste Blicke durch das Gebäude in den parkähnlichen Garten. ■ Strukturell falten sich zwei Häuser ineinander, die bei Bedarf leicht in separate Einheiten mit eigenem Eingang und Erschließungsbereich getrennt werden können. Straßen- und Gartenebene sind offene Zonen und nehmen die Funktionen des Wohnens und Zusammenseins auf. ■ Die Privaträume der Familie liegen in dem höher gelegenen Baukörper, der mit golden beschichteten Alucubond-Platten verkleidet ist und nur gezielte Ausblicke auf die Umgebung zulässt. Patios und Terrassenzonen sind mit dem Innenraum verflochten, bieten intime Außenbereiche und belichten die inneren Zonen des tiefen Gebäudes.

The residential building is located in the villa district of Vienna. The entrance courtyard is accessed via a high supporting wall to provide the first glimpse of the park-like garden through the building. ■ Although, in structural terms, the two buildings are connected together, they can easily be divided into separate units with their own entrance and foyer areas. The open-plan zones at road and garden level function as living and communal areas. ■ The family's private rooms are located in the higher of the two structures, which is covered in gold-coated Alucubond cladding and only offers specific views of the surrounding area. Patios and terrace zones are interlinked with the interior, provide intimate outdoor areas and illuminate the inside zones of this deep building.

Haus Hackenbuchner

Granichstaedtengasse 84

Hietzing
13. Bezirk

Auf einem Hanggrundstück mit Fernblick auf den Lainzer Tiergarten gelegen, stellt sich das Gebäude quer zum Hang, gräbt sich teilweise hinein und nimmt die Höhenschichten des Gartens mit den Ebenen im Inneren auf. Ineinander fließende Raumsequenzen, die immer wieder Ein- und Durchblicke erlauben, entstehen. Durch Terrassen und vorspringende Wandscheiben wird der Außenraum gefasst und mit den Funktionen des Hauses verbunden. ■ Der Sockel aus Sichtbeton umschließt die Wohnebene mit Küche und Essplatz. Der scheinbar darüber schwebende, weiß verputzte Baukörper nimmt die intimeren Räume – Schlafzimmer und Bäder sowie die Kinderzimmer – in sich auf. Dieser Bauteil entwickelt sich aus einer einzelnen weißen Platte, die durch Kippen und Falten den Baukörper bildet. Die verbleibenden Zwischenräume werden verglast, es gibt keinen sichtbaren Berührungspunkt zur Gebäudebasis.

Architekten |
architects:
Pichler &
Traupmann
Architekten, Wien

Bauherr |
builder-owner:
Familie
Hackenbuchner

Bauzeit |
construction time:
2000–2001

Foto | *photo:*
Paul Ott, Graz

The building is at a right angle to the slope, yet it burrows into it in places and incorporates the garden's different height strata. Room sequences merge and are interspersed with gaps that provide insights and views. The outside area is surrounded by terraces and protruding wall slabs, and it is integrated in the building's function. ■ The exposed concrete socle encloses the living level, where the kitchen and dining area are located. The white, plaster-covered building shell, which appears to hover above the socle, contains the more intimate rooms. This section of the building consists of a white slab that is folded and tipped to form the building's structure. The other connecting spaces have windows and there is no visible point of intersection with the building's base.

Einfamilienhaus in spe

Hietzing
13. Bezirk   Eyslergasse 48

Architekten |
architects:
pool Architektur ZT
GmbH, Wien

Bauherr |
builder-owner:
Ulrike
Hoschek-Ginner,
Robert Grischany

Bauzeit |
construction time:
1999–2000

Foto | *photo:*
Hertha Hurnaus,
Wien

Der Neubau wurde unter strikten Vorgaben geplant: An-
bauen an das Nachbargebäude, Abstand zur Straße,
Rücksicht auf die abfallende Hanglage. Das Volumen ergibt sich aus den baubehördlichen Vorschriften und wird
durch Einschnitte und Ausstülpungen in seiner Erschei-
nungsform definiert. ■ Aus zwei Geschossen plus Sockelgeschoss werden durch das Auflösen fester Räume
in Raumsequenzen und das Einbeziehen der Erschließungszone in die Aufenthaltsflächen sechs Ebenen, die
unterschiedlichste Raumeindrücke und Ausblicke bieten.
■ Betritt man das Gebäude, schaut man in das Untergeschoss, einige Stufen höher befindet sich der Ess- und
Kochbereich, ein paar Stufen weiter der Wohnbereich.
Beide Ebenen öffnen sich zur Straße und zum Garten hin,
„transparente Wände" ersetzen die Fenster. In den Ober-
geschossen sind Arbeits- und Schlafräume untergebracht.
Außerdem ist hier eine kleine Terrasse in den Kubus eingeschnitten, über die man die Dachterrasse erreicht.

The new building was planned according to strict prem-
ises. Extensions towards the neighbouring building, distance to the street, taking the location on a slope descent
into account. The volume is based on building regulations
and the appearance of the building is defined by recesses and protrusions. ■ Two storeys plus socle level were
transformed into six levels which provide diverse im-
pressions of space and views by turning the fixed rooms
into room sequences and incorporating the entrance
area in the effective area. Both levels of the building
face out onto the street and garden, and windows are
substituted by "transparent walls".

SGL single

1130 Wien

Hietzing
13. Bezirk

Ausgangspunkt für das Wohnhaus SGL single war das DBL double der Töchter des Bauherren, die ein gemeinsames Haus mit zwei separaten Wohneinheiten planten. Dieses musste durch die gegebenen Randbedingungen der zu bebauenden Fläche von maximal 88 m² und der kleinen Grundstücksgröße exakt auf die teilweis sehr unterschiedliche Bedürfnisse abgestimmt werden. ■ Daran anschließend entschied sich der Bauherr, das benachbarte Grundstück zu erwerben. In seiner Typologie folgt der Bau dem mit Eternitplatten verkleideten Überbau des DBL double, entwickelt sich jedoch aus den speziellen Vorgaben des Bauherren. Den Architekten gelingt es, obwohl in unmittelbarer Nähe zueinander gelegen, drei individuell zugeschnittene intime Bereiche entsprechend den Nutzerwünschen zu schaffen und dabei dennoch die Verwandtschaft der Häuser kenntlich zu machen.

The basic concept for the SGL residential building was the DBL double of the owner's daughter, who was planning a house with two separate residential units. It had to be tailored to, in some cases, very different requirements. ■ As a result, the building owner decided to acquire the neighbouring plot of land. The building was constructed to reflect the superstructure of the Eternit panel-clad DBL double. However, it was developed in accordance with the building owner's specifications. Although the two buildings are directly next to each other, the architects have managed to create three individually-designed private zones in accordance with the users' requirements, while ensuring that the buildings appear to be related to one another.

Architekten |
architects:
propeller z, Wien

Bauherr |
builder-owner:
privat

Bauzeit |
construction time:
2001–2002

Foto | *photo:*
Margherita
Spiluttini, Wien

mo.na

Liesing
23. Bezirk   Friedensstraße 38

Architekten |
architects:
synn architekten,
Wien

Bauherr |
builder-owner:
Anita M.

Bauzeit |
construction time:
2003–2004

Foto | *photo:*
Haiden-Baumann,
Wien

Zwei Familien in einem Haus mit einem gemeinsamen
Eingang: Dies war der Ausgangspunkt der Planungen.
Die Erdgeschossebene sollte in ihrer Wohnfläche erweitert werden, das Obergeschoss in diesem Zuge eine
separate Erschließung erhalten. Der zweigeschossige
Zubau, in Holzfertigteilbauweise errichtet und mit einer
Verkleidung aus Kupfer versehen, bietet Platz für einen
Wintergarten und einen zusätzlichen Schlafraum mit Badezimmer. ■ Eine Ecke des Bestandsgebäudes wird von
den neuen Räumlichkeiten umfasst und schließt im Erdgeschoss über einen Wanddurchbruch an den Zubau an.
Dieser dreht sich um das Gebäude, die obere Ebene entfernt sich wieder. Unter dem auskragenden Zimmer im
Obergeschoss entsteht ein überdeckter Freibereich. ■
Gezielt gesetzte Verglasungen in Wand und Dach belichten die Räume und bieten Ausblicke in den eigenen Garten. Eine Terrasse auf dem Dach ergänzt den Neubau.

The project relates to a two-family house with a joint entrance. The living areas on the ground floor were to be
extended, and the upper floor was to be furnished with
a separate entrance. The two-storey extension houses a
conservatory and an additional bedroom with bathroom.
■ One corner of the existing building is surrounded by
the new rooms and adjoins the extension via a wall break-
through on the ground floor. It encircles the building and
moves away from it at the top. A covered outdoor area
is located underneath the cantilevered rooms on the upper floor. ■ Specifically positioned windows on the wall
and roof provide daylight illumination and offer views of
the garden.

Perfektastraße, Wien Liesing

Dernjacgasse 6

Die Wohnbebauung besteht aus zwei Teilen: einem Turmhaus und einer Zeilenbebauung. Beide Teile reagieren in ihrer Höhe auf die sie umgebende Bebauung, zumeist Einfamilienhäuser und Gärten. Zwischen Turm und Zeile findet eine Zäsur statt, die trennend wirkt und eine Hofsituation entstehen lässt, von der fußwegige Längs- und Querverbindungen ausgehen. Zusätzlich wird über diesen Einschnitt Belichtungsfläche für die Wohnungen gewonnen. ■ Die Zeile besteht aus einem durchgängigen tragenden System, in das sowohl die unterschiedlichen Wohnungstypen – Maisonetten und eingeschossige Wohnungen mit offenen Grundrissen – als auch die Garage eingepasst sind. Im Turm finden sich in jedem Raum die gleichen Fensterelemente, gleich ob Wohnraum oder Badezimmer. ■ Eine Putzfassade in kräftigem Rot, Betonfertigteile in Schwarz und Streckmetall geben der Wohnbebauung ihr spezifisches Äußeres.

The residential complex consists of a tower block and row buildings. Both are harmonised in height to the surrounding development. There is a break between the tower and the rows to create a courtyard, which is the starting point for longitudinal and latitudinal footpaths. It also provides additional daylight illumination for the apartments. ■ The rows consist of a continuous load-bearing system that is adapted to the various types of residential units and the garage. All the rooms in the tower have the same window elements. ■ A red plaster facade, black pre-fabricated concrete slabs and expanded metal provide the residential development with a distinctive appearance.

Architekten | architects: Hermann & Valentiny u. Partner Architekten ZT GmbH, Wien

Bauherr | builder-owner: GESIBA

Bauzeit | construction time: 1998–2000

Foto | photo: Sandy Panek, Wien

Wohn- und Geschäftshaus Perfektastraße

Liesing
23. Bezirk

Perfektastraße 40

Architekten |
architects:
Rudolf Prohazka,
Wien

Bauherr |
builder-owner:
Österreichisches
Siedlungswerk

Bauzeit |
construction time:
1998–2000

Foto | *photo:*
Rudolf Prohazka,
Wien

Der soziale Wohnbau entlang der Perfektastraße vereint drei Funktionen in sich: Über einen Arkadengang besteht Zugang zur U-Bahn, im Erdgeschoss liegt eine Geschäftszone mit Apotheke und Arztpraxen, die sich als urbanes Zentrum über die ganze Gebäudelänge zieht. Außerdem beherbergt das Gebäude insgesamt 79 senkrecht zur Ladenzone angeordnete Wohneinheiten mit optimierter Besonnung und Belüftung. ■ Verglaste Schallschutzwände schirmen die Innenhöfe vom stark befahrenen Straßenraum ab. Die Erschließungskerne sind in den Ecken der Höfe angeordnet; Laubengänge führen zu den Wohnungen, deren offene Grundrisse von den Bewohnern selbst durch mobile Wandelemente mit wenig Aufwand adaptiert werden können. ■ Das Flachdach über dem Geschäftsbereich wurde begrünt und dient der gemeinschaftlichen Nutzung als Freiraum und Treffpunkt. Den einzelnen Einheiten sind zudem private Balkonen, Loggien und Terrassen zugeordnet.

The subsidised housing development along Perfektastrasse performs three functions: it provides access to the underground railway via an arcade, has a business zone on the ground floor and a total of 79 apartments that are arranged vertically in relation to the shop zone. ■ Glass noise insulation walls shield the inner courtyards from the road. The core aspects of the development are located in the corners of the courtyard. Access balconies lead to the apartments, whose open-plan layouts incorporate mobile wall elements so that the residents can adapt them. The flat ecological roof above the business zone is intended for communal use. The individual units also have private balconies, loggias and patios.

Wohnbau Autofabriksstraße

Autofabriksstraße 1

Der in Liesing gelegene Wohnbau besteht aus einem Mix von Maisonetten, Einraumwohnungen und eingeschossigen Mehrzimmerwohnungen. Die starren, parallelen Wohnungsachsen werden durch schräg gestellte Wohnungstrennwände unterbrochen, so dass durch die Zuordnung von zwei oder drei Zimmern im Obergeschoss der Maisonetten eine Mischung der Wohnungsgrößen möglich ist. ■ Im Eingangsgeschoss der zweigeschossigen Maisonette-Typen zoniert lediglich eine eingestellte WC-Box die Ebene und trennt Wohnbereich, Küche und konisch zulaufenden Vorraum. Der Einsatz von Schiebetüren in diesem Bereich lässt die Möglichkeit offen, nach Bedarf die einzelnen Zonen abzutrennen und Rückzugsräume zu schaffen. Im Obergeschoss der Wohnung befinden sich Bad und Schlafräume.

The residential building, located in the district of Liesing, is a mixture of maisonettes, bedsits and one-storey apartments. The rigid, parallel residential unit axes are interspersed with slanting partitioning walls so that a layout with two or three rooms in the upper storey of the maisonettes and various apartment sizes are possible. ■ Only a WC box on the entrance floor of the two-storey maisonette units divides up the floor space and separates the living area, kitchen and conical anteroom. The use of sliding doors in this area makes it possible to partition off individual zones to create private space as required. The bathroom and bedrooms are located on the top floor.

Architekten |
architects:
RATAPLAN, Wien

Bauherr |
builder-owner:
Österreichisches
Siedlungswerk

Bauzeit |
construction time:
1998–1999

Foto | *photo:*
Markus Tomaselli,
Wien

Penzing
Rudolfsheim - Fünfhaus
Ottakring
Hernals
Währing
Döbling

Wohnhausanlage Linzerstraße

Linzerstraße 421a

Rudolfsheim
Fünfhaus
15. Bezirk

Die scheinbar eigenwillige städtebauliche Komposition der Baukörper entsteht durch die vorgegebenen Baulinien. Im Süden des Grundstücks wird davon abgerückt, um einen sonnigen grünen Platz auszubilden. ■ Die Anlage wurde in einem Fertigteilsystem errichtet, bedient aber nicht die sonst übliche Anforderung an eine maximal mögliche Flächenausnutzung, sondern „verschwendet" teilweise Raum, was der Qualität der Gebäude zugute kommt. So verfügt jedes der drei Gebäude über ein helles, großzügiges Foyer mit Aufenthaltsqualität. ■ Auch in den Wohnungen, die hier in unerwarteter Vielfalt unter anderem als Split-Level-Wohnung oder Penthouse und mit einer Größe zwischen 63 bis 125 m² zu finden sind, gibt es teilweise zweigeschossige Bereiche, Leerräume oder schräge Wände, die den Raum und Blickbeziehungen definieren.

The apparently arbitrary composition of the building structures is created by the prescribed building lines. These lines are departed from on the southern part of the site to create a green area in the sun. ■ The development was built with pre-fabricated parts, though it doesn't satisfy the customary requirement of maximum possible area utilisation. Rather, it "wastes" some of the space to enhance the quality of the building. As a result, all buildings have a large foyer that provides quality space. ■ Even some of the many different of apartment types – including split-level apartments and penthouses varying from 63 to 125 m² in size – have two-storey zones, empty spaces and slanting walls which define the rooms and visibility.

Architekten |
architects:
Nasrine
Seraji-Bozorgzad,
Paris (F)

Bauherr |
builder-owner:
Mischek Bau AG

Bauzeit |
construction time:
2002–2003

Foto | *photo:*
Sandy Panek,
Wien

IP.TWO

Lerchenfelder Gürtel 43

Architekten |
architects:
BKK-3, Wien

Bauherr |
builder-owner:
PRISMA / SIAG

Bauzeit |
construction time:
2001–2003

Fotos:
Hertha Hurnaus,
Wien

Das IP.TWO entstand als Fortsetzung des erfolgreichen Konzepts des IP.ONE. ■ Auf acht Geschossen werden Gewerbeflächen angeboten, die mehr leisten können: Seminarraum und Restaurant als Gemeinschaftsfläche, die großzügige, gefaltete Landschaft des Foyers als Kommunikationszone. Die „Wirbelsäule", der Belichtungs- und Belüftungskern, streckt sich durch das ganze Gebäude und versorgt das Entree über eine Dachverglasung mit natürlichem Licht. Die Deckenausschnitte sind in den Ebenen versetzt und verdreht angeordnet, so dass differenzierte Ein- und Durchblicke entstehen. Das Bauvolumen generiert sich aus den baurechtlichen Vorgaben und wurde so lange bearbeitet, bis die Anforderungen erfüllt werden konnten. ■ Dem anthrazitfarbenen Gebäude wurde eine von stählernen Gräsern begrünte Treppenrampe vorgelagert, die eine Erweiterung der inneren Funktionen darstellt – als Gastgarten des Cafés, als „Ruhezone" oder als Laufsteg.

IP.TWO continues the successful IP.ONE concept and provides commercial space on eight floors with the added value of a seminar room and restaurant as communal areas, and the foyer landscape as a communication zone. The "backbone" – the lighting and ventilation nucleus – extends throughout the entire building and roof glazing is a source of light for the entrance area. The ceiling sectors are split into three levels and rotated to provide homogeneous insights and views. ■ The anthracite-coloured building is preceded by a stair ramp with "steel grasses" which extends the buildings interior functions.

Grasshoppers

Erweiterung der Wiener Stadthalle

Rudolfsheim
Fünfhaus
15. Bezirk

Vogelweidplatz 14

Architekten |
architects:
Dietrich |
Untertrifaller
Architekten,
Bregenz

Bauherr |
builder-owner:
Stadthalle Wien

Bauzeit |
construction time:
2003–2005

Foto | *photo:*
Dietrich |
Untertrifaller
Architekten,
Bregenz

Neben der Wiener Stadthalle von Roland Rainer wurde 2005 ein Zubau mit einem Saal für ca. 2.000 Personen eröffnet. Er ergänzt die bestehende Halle mit 15.000 Plätzen und die kleineren Bauten für 500 bis 1.000 Besucher. ■ Dem Hallenkomplex wird ein kleinerer Bau vorgelagert, der im Erdgeschoss die Fassadenflucht des Bestands aufnimmt, damit alle Flächen zentral vom Vorplatz der Stadthalle erschlossen werden können. Das neue Foyer ist über zwei Treppenanlagen mit der darüber liegenden Saalebene verbunden, in der sich Pausenfoyers, Probebühne und Bankettsaal befinden. Diese Ebene kragt als Baukörper über die Sockelzone, die in einem weiteren Bauabschnitt mit zusätzlichen Einrichtungen ausgestattet werden kann, hinaus. ■ Die Form des Zubaus sowie die Ausführung eines akustisch offenen Tragwerks resultiert aus dem Wunsch nach Schaffung optimaler Bedingungen für die geplanten Nutzungen. Die Ausstattung des neuen Saales ist komplett in rot gehalten, das Innere wird mit roten, hinterleuchteten Glasscheiben verkleidet.

An extension to the Vienna City Hall with a function room that can accommodate approx. 2,000 people was opened in 2005. The ground floor incorporates the lines of the existing facade so that all areas can be centrally accessed from the City Hall's forecourt. ■ The new foyer is connected to the function room level above via two staircases. Its structure protrudes out from the socle zone. The new function room is decorated entirely in red, and the interior has red, backlit panes of glass.

Wien West

Westbahnhof

Im Jahre 2002 wurde ein internationaler städtebaulicher Wettbewerb für das Areal des Westbahnhofs ausgeschrieben, aus dem die Architekten Neumann & Steiner als Sieger hervorgingen. Das Projekt ist Grundlage für weiterführende Planungen, Ende 2005 sollen die notwendigen Flächenwidmungen abgeschlossen sein. ■ Das unter Denkmalschutz stehende Bahnhofsgebäude wird dabei erhalten. Zwei flankierende, vorspringende Bauten bilden einen neuen Platz, der als Endpunkt der Mariahilferstraße fungiert und die Äußere Mariahilferstraße aufwertet. Beide bis dato durch den Gürtel voneinander abgeschnittenen Straßenzüge rücken so näher zusammen. ■ Die Bahnhofshalle wird umgebaut und aufgewertet; in den Untergeschossen entsteht ein Einkaufszentrum, welches von der Mariahilferstraße ausgehend bis zur Felberstraße reicht. Hier wird eine Ergänzung der Blockrandbebauung vorgeschlagen, die mit Grünräumen durchsetzt ist. Eine angedachte Überbauung der Bahngleise kann in weiterer Folge beide Seiten der Gleisanlage miteinander verbinden.

When the West Station was renovated, the listed station building was preserved. Two flanking buildings create a new area that functions as the end point of Mariahilferstrasse and enhances Äußere Mariahilfestrasse. It brings both streets closer together. ■ The station hall is being converted and renovated, and a shopping centre is being installed in the lower floors. It has been suggested that the perimeter building blocks on Felberstrasse should be supplemented with green areas. A planned roof over the railway tracks in the next phase of the project will link both sides of the platforms.

Architekten |
architects:
Architekten
Neumann +
Steiner ZT GmbH,
Wien

Bauherr |
builder-owner:
Österr. Bundesbahnen Immobilien, Wien / Stadt Wien

Bauzeit |
construction time:
ab 2006

Visualisierung:
Wolfgang Beyer,
Wien

Um- und Zubau Büro- u. Fitnesscenter

Penzing
14. Bezirk   Hütteldorferstraße 130

Architekten |
architects:
Rüdiger Lainer,
Wien

Bauherr |
builder-owner:
Mischek / Center
Heinrich-Collin-
Strasse Vermie-
tungs GmbH &
CO KG

Bauzeit |
construction time:
2002–2003

Foto | *photo:*
Gerald Zugmann,
Wien

Im Schnittpunkt von Heinrich-Collin-Straße und Hütteldorferstraße steht die ehemalige Gummifabrik, die im
Jahre 1910 in Betonskelettbauweise mit vorgesetzter
Verklinkerung errichtet wurde und seit 1991 unter Denkmalschutz steht. ■ Das äußere Erscheinungsbild musste im Wesentlichen erhalten werden, neue Nutzungen
sollten die vormals leer stehenden, großzügigen und hal-
lenartigen Räumlichkeiten beleben. In die beiden unteren Geschosse ist ein Fitnesscenter eingezogen, die oberen Geschosse dienen der Büronutzung. Um sich in der
Höhe der umliegenden Bebauung anzunähern, wurde
dem Bestandsgebäude ein zweigeschossiger Aufbau aufgesetzt. Im Norden entstand ein Neubau, der die Sockelzone der umliegenden und anschließenden Bebauung
aufnimmt und diese zeitgemäß interpretiert. ■ So wie
die Stützstruktur des Altbaus durch Klinker verkleidet
wurde, werden die Neubauten aus Betonfertigteilen und
Stahlkonstruktion mit Aluminiumgusstafeln verkleidet,
deren Relief ein vereinfachtes Pflanzenmotiv nachbildet.

It was necessary to retain the core aspects of the former
rubber factory's exterior, since it is a listed building, while
reviving the hall-like rooms by introducing new utilisation
concepts. ■ A fitness club has moved into the lower
floors and the upper floors are used as offices. In order
to ensure that the height of the building harmonised with
the height of the surrounding buildings, a two-level superstructure was built on top. A new building was constructed to the north which incorporates the plinth zone
of the surrounding development. ■ All new buildings
were clad with aluminium sheeting with relief work de-
picting a simple plant motif.

Sargfabrik – Wohnheim Matznergasse

Goldschlagstraße 169

Penzing
14. Bezirk

Das Gelände einer alten Sargfabrik wurde von einem Verein erworben, der, von Privatleuten gegründet, einer unkonventionellen Idee folgt. Eigentümer ist nicht der einzelne, sondern der Verein, was eine Vielfalt an gemeinschaftlichen Einrichtungen innerhalb der Wohnbebauung realisierbar machte. So finden sich im Gebäudekomplex ein Café, Seminarräume, ein Veranstaltungssaal, ein Kinderzentrum sowie eine Badeanlage. ■ Die Wohnungsgrundrisse sind ebenfalls keine Standardlösungen. Aufgebaut auf einer schaltbaren minimalen Einheit von 45 m² auf zwei Ebenen, nur durch Versorgungsschacht und Treppe oder Rampe definiert, bietet sich dem Bewohner die maximale Freiheit der Raumnutzung. So öffnen sich Wohnzimmer, Schlafzimmer oder sogar Badezimmer zum Laubengang hin – wo sonst Intimität und Rückzug oberste Priorität haben, regieren hier Offenheit und Transparenz. Diese Andersartigkeit der Bebauung wird mit der kräftigen Signalfarbe Orange unterstrichen.

An unconventional concept was realised by the association that purchased the former coffin factory site. The owners of the residential units are not the individual residents, but the association, which enabled it to incorporate diverse communal facilities – including a café, seminar rooms and a bathing complex – within the residential development. ■ The apartments also have an unconventional layout. They consist of two-storeys built on a basic unit of 45 m² which can be added to and is only defined by a supply shaft and stairs or a ramp so that the user has maximum scope for space utilisation. This uniqueness is signalised by the bright colour of orange.

**Architekten |
architects:
BKK-2, Wien

**Bauherr |
builder-owner:
Verein f. integrative Lebensgestaltung

**Bauzeit |
construction time:
1994– 1996

**Foto | *photo:*
Hertha Hurnaus,
Wien

Miss Sargfabrik

Penzing
14. Bezirk

Missindorfstraße 10

Architekten |
architects:
BKK-3, Wien

Bauherr |
builder-owner:
Verein f. integra-
tive Lebensge-
staltung

Bauzeit |
construction time:
1999–2000

Foto | *photo:*
Hertha Hurnaus,
Wien

Die Miss Sargfabrik ist nicht nur die kleine Schwester der
Sargfabrik, sondern stringente Weiterführung und Opti-
mierung des Planungsansatzes, resultierend aus zahlreichen Gesprächen mit den Bewohnern. ■ Der Baukörper
ist auf einem Eckgrundstück gelegen und folgt der Überlegung, eine bewohnbare Bauplastik zu schaffen, die in
ihrer Hülle die Geschehnisse im Inneren widerspiegelt.
Die Gemeinschaftseinrichtungen der Sargfabrik können
mitbenutzt werden, nun ergänzt durch einen Clubraum,
eine Bibliothek und eine Gemeinschaftsküche mit Essplatz – an der Fassade jeweils ablesbar durch die Auf-
weitung der Fensterbänder. ■ Die Erschließung der
Wohneinheiten erfolgt auch hier über Laubengänge, die
gleichzeitig Balkon und Kommunikationszone sind; die
kleinen zweigeschossigen Wohneinheiten werden leicht
modifiziert beibehalten. Novum ist die Unterbringung von
fünf Ateliereinheiten im Erdgeschoss, die sich zu Straße
und Garten orientieren.

Miss Sargfabrik is a continuation and optimisation of the
Sargfabrik development concept. Its structural shell is located on a corner plot and the idea was to create a building sculpture that people can live in with a shell that reflects all the things going on inside. The residents can
also use the Sargfabrik's communal facilities. ■ The residential units are accessed via balconies, which also
serve as a communication zone. Although a few modifications have been made, they also reflect the two-
storey unit concept. The five studio units on the ground
floor which look out onto the street and garden are a new
aspect.

parkhouse

Krafft-Ebinggasse 3

An einer verkehrsreichen Straße, auf einem parkähnlichen Restgrundstück, erhebt sich zwischen dem vorhandenen Baumbestand das parkhouse, ein Wohnhaus für eine Familie. Es entwickelt sich aus zwei Bändern, die zueinander gefaltete Räume ergeben, Bereiche zonieren und an den Außenraum an- beziehungsweise diesen einschließen. ■ Die mittlere Ebene ist das Reich der Kinder, welches durch einen geschützten Innenhof erweitert wird. Eigenständig wird dieser Bereich durch seine Ausführung in verputztem Mauerwerk. Der obere Teil hingegen ist außen mit einer Haut aus Kautschuk überzogen, im Inneren dominieren Sichtbetonwände. ■ Der Schlafraum der Eltern liegt im Schnittpunkt der Bewegungen der Bänder, die Rampe für Essen und Wohnen scheint aus dem Garten herauszuwachsen und verlängert sich in diesen.

The multi- layered building is used as a family residence. It is located on a busy road on a park-like residue plot amongst the existing stock of trees. The floor, wall and ceiling surfaces merge to create in two folding strips rooms, zones and adjoin or enclose the outside space. ■ The children's realm on the middle level is extended by an enclosed courtyard. This zone's plastered masonry design gives it unique appeal. In contrast, the exterior of the upper section is covered in a rubber skin, while decorative concrete walls predominate in this interior zone. ■ The parent's bedroom is located at the interface between the strips, and the ramp which is used as a dining and living area appears to extend into the garden.

Architekten |
architects:
HOLODECK.at
breuss +
ogertschnig, Wien
m. gilbert, Wien

Bauherr |
builder-owner:
Familie Pichler

Bauzeit |
construction time:
2001–2002

Foto | *photo:*
Veronika Hofinger,
Wien

Brotfabrik

Ottakring
16. Bezirk   Hasnerstraße 123

Architekten |
architects:
Hermann &
Valentiny u. Part-
ner Architekten ZT
GmbH, Wien

Bauherr |
builder-owner:
Hans Christoph
List und KALLCO
Projekt Bauträger
GesmbH

Bauzeit |
construction time:
1999–2001

Foto | *photo:*
Sandy Panek,
Wien

Die bestehenden Räumlichkeiten einer ehemaligen Groß-
bäckerei wurden zu modernen Büros umgebaut, Name
und Assoziation mit der ursprünglichen Nutzung blieben
dabei erhalten. Die Anlage steht unter Denkmalschutz. Ihre historischen Außenfassaden wurden saniert, ein neuer
repräsentativer Eingangsbereich hinzugefügt. ■ Die vorhandene bauliche Struktur mit unterschiedlichen Raumhöhen in den Geschossen gliedert sich nun in 24 Büroeinheiten. Diese erstrecken sich oft über mehrere Ebenen
und sind von verschiedener Größe. Neue, zusätzliche
Treppenhäuser ermöglichen diese Teilung. Das vorhandene Dach wurde zu einer begehbaren Terrasse umgenutzt, fünf Aufbauten – blechbekleidete Pavillons – dienen als Besprechungs- und Aufenthaltsräume. ■ Eine neue
zweite Haut aus oberflächenstrukturierten Betonfertigteilen erhebt sich im Innenhof mit Abstand vor der bestehenden Fassade. Dazwischen sind Galerieebenen entstanden, die die Büroeinheiten um einen Außenraum
erweitern.

The rooms in the former large-scale bakery have been
converted into modern offices. The exterior facades of
the listed building have been renovated and a new prestigious foyer has been added. ■ The existing structure
of the building, with different room heights on each
storey, is now divided into 24 office units. New stairwells
enable this partitioning. The roof has been converted into a walk-on patio with five superstructures that serve as
meeting rooms and lounges. ■ A new second skin
made of pre-fabricated concrete sections covers the existing facade on the courtyard side and extends the office
space.

mcs – Büro-, Geschäfts- und Werkstattgebäude

Adolf-Czettel-Gasse 9

Ottakring
16. Bezirk

Das Gebäude wurde vorausschauend auf eine mögliche Erweiterung geplant, alle infrastrukturellen Notwendigkeiten für das Aufsetzen eines weiteren Geschosses zur Büronutzung wurden berücksichtigt und vorbereitet. ■ Der Geschäfts- und Bürobereich liegt etwa einen Meter über der Straßenebene. Über den entstandenen Zwischenraum werden die darunter liegenden Stellplätze, in ihrer Anzahl schon auf die Vergrößerung ausgelegt, natürlich belichtet und belüftet. Die große markante Freitreppe im Außenbereich ist Aufenthaltszone und führt im Moment auf eine Dachterrasse, die später Fußboden der Erweiterung sein wird. Die notwendige Erschließung ist damit gesichert. ■ Das Äußere des Bauwerks ist durch die Sichtbetonausführung der Wände gekennzeichnet, die einschalig ausgeführt und innen gedämmt wurden.

The plans for the building included the possibility of an extension, and all infrastructural prerequisites for the addition of another storey for office use were taken into account and prepared. ■ The commercial and office area is approximately one metre above street level. The space that this creates enables the natural lighting and ventilation of the parking spaces, which are already oriented on the possible extension in terms of number. The large and distinctive outdoor staircase is a meeting place and leads to the roof-top patio, which will later be the floor of the extension. It also ensures that the necessary development can take place. ■ The walls on the exterior of the building are outlined by an exposed formwork concrete finish and insulated inside.

Architekten |
architects:
pool Architektur ZT
GmbH, Wien

Bauherr |
builder-owner:
Johann Slauf

Bauzeit |
construction time:
2001–2002

Foto | *photo:*
Hertha Hurnaus,
Wien

Einfamilienhaus DRA

Ottakring
16. Bezirk   1160 Wien

Architekten |
architects:
querkraft architek-
ten zt-keg, Wien

Bauherr |
builder-owner:
privat

Bauzeit |
construction time:
2003

Foto | photo:
Hertha Hurnaus,
Wien

Ein nur drei Meter breiter massiver Kellerstreifen berührt das Grundstück, die Wohngeschosse kragen um zwei Drittel der Gebäudetiefe aus – das Gebäude schwebt über dem Boden. Das kleine, nur 650 m² große, steile Grundstück bietet einen grandiosen Ausblick, galt aber als nahezu unbebaubar. Die baurechtlichen Vorschriften schrieben eine Platzierung in der Mitte des Grundstücks vor, ein umlaufender Streifen Garten von fünf Metern Breite wäre das Ergebnis gewesen. ■ Nun hebt sich das Gebäude in die Höhe. Dies wird mittels dreier, jeweils zwei Geschosse hoher Stahlfachwerke bewerkstelligt. Es entsteht ein Gartengeschoss, an das Gäste- und Hobbyraum anschließen. Die Ebene darüber übernimmt die Funktion der Eingangsebene, hier sind aber auch die Schlafräume und Bäder angeordnet, um das Wohnen am höchsten und exponiertesten Punkt des Hauses zu situieren. Die Außenhülle aus Aluminiumplatten umschließt das gesamte Gebäude, bindet die Balkone ein, öffnet sich über gezielt gesetzte Ausschnitte und bietet Ausblicke.

The small, steeply sloping plot of land, which is only 650 m² in size, was considered to be practically impossible to build on. Now, a single-family house rises up amidst the steel structures. A garden storey is being created which adjoins the guest and hobby rooms. ■ The level above functions as the entrance level, and also contains the bedrooms and bathrooms, to ensure that the living areas are located at the highest and most exposed point of the building. The exterior is covered entirely in aluminium panels with balconies and has apertures at specific points to provide the users with views of the surrounding area.

Hauptwerkstätte MA48

Lidlgasse 5

Hernals
17. Bezirk

In unmittelbarer Nähe eines gründerzeitlichen Betriebs-
bahnhofes steht die neue Hauptwerkstätte der MA 48,
zuständig für Straßenreinigung und Abfallwirtschaft. Das
Gebäude gliedert sich in das Erdgeschoss mit der Repa-
raturhalle, ein Zwischengeschoss zur Büronutzung und
das Obergeschoss mit Aufenthalts-, Sanitär- und weiteren Büroräumen, wobei der Speisesaal mit seinem gewölbten „Schaufenster" unerwartete Großzügigkeit und
Ausblicke bietet. ■ Die Kompaktheit des Baukörpers wird
durch die umfassende Bekleidung mit anthrazitfarbenem
Kupfertitanzinkblech und den bündigen Einbau der Glas-
elemente unterstrichen. Lediglich die Rolltorboxen stehen aus der Fassade hervor. ■ Konstruktiv wurde das
Gebäude als Stahlbeton- / Stahlbau mit hinterlüfteter Me-
tallfassade errichtet. Für den Außenbereich wurde ein
gefaltetes Membrandach entwickelt, welches die Freif-
läche teilweise überdacht.

The main workshop, which is responsible for road clean-
ing and waste management, consists of a repair workshop on the ground floor, a mezzanine for offices and a
top floor with a staff room and further offices, whereby
the cafeteria with its curved "shop window" is surpris-
ingly generously-dimensioned and offers wonderful
views. ■ The compact design of the building is under-
lined by the all-over cladding in copper-titanium sheet
metal and the flush-fit glass elements. Only the roll-up
doors protrude beyond the facade. ■ The building is constructed in reinforced concrete with a back-ventilated
metal facade. Outside, a folded membrane roof covers
the open space.

Architekten |
architects:
caramel architek-
ten zt gmbh, Wien

Bauherr |
builder-owner:
Stadt Wien

Bauzeit |
construction time:
2003–2004

Foto | *photo:*
Hertha Hurnaus,
Wien

Einfamilienhaus SPS

Ottakring
16. Bezirk   1160 Wien

Architekten |
architects:
querkraft architek-
ten zt-keg, Wien

Bauherr |
builder-owner:
privat

Bauzeit |
construction time:
1999

Foto | *photo:*
Hertha Hurnaus,
Wien

Das Einfamilienhaus liegt in einem Kleingartensied-
lungsgebiet, das eine maximal bebaubare Fläche von lediglich 50 m² zulässt. Anforderung der Bauherrenschaft
jedoch waren 300 m² Nutzfläche inklusive einer Einlie-
gerwohnung. ■ Um diesem Anspruch gerecht zu werden, mussten die baurechtlichen Möglichkeiten ausge-
reizt und interpretiert werden. Das Sockelgeschoss als
Hauptbauteil wurde tief in den Hang eingegraben. Damit
gilt es als Kellergeschoss, die bebaubare Fläche ver-
größerte sich auf 83 m² pro Grundstück, die vorgeschal-
tete Gartenfläche maximierte sich. Die voll verglaste
Front öffnet sich zum Garten und verbindet Innen- und
Außenraum miteinander. ■ Auf den Sockel aufgesetzt
wurden zwei „Kleingartenhäuschen" in Leichtbauweise,
PUR-beschichtet mit abgerundeten Ecken, in denen sich
jeweils zwei Zimmer mit einer Zwischenzone befinden,
die einen unversperrten, grandiosen Panoramablick bieten.

The house is located on an allotment garden plot which
only provides a building area of 50 m². However, the
building owners required 300 m² of floor space. ■ It was
also necessary to exploit and interpret building regulations. The socle level, which is the main part of the structure, was embedded deep in the slope. It is therefore of-
ficially a cellar storey, which enlarges the building area.
The entirely glazed front opens up onto the garden and
connects the indoor and outdoor space. ■ Two little "garden sheds" were built in a light construction method on
the socle. Each contains one room and an intermediate
zone which offer a wonderful and unobstructed panoramic view.

Wohnhaus Lukschandel

Moosgasse 9

Das relativ kleine Wohnhaus mit einer Fläche von nur ca. 86 m² über Gelände liegt auf einem Hanggrundstück in einer Kleingartensiedlung, in der Nähe der Loos´schen Siedlung Heuberg. ■ Form und Größe des Kellergeschosses werden durch die Baulinien vorgegeben, die Erdgeschossfläche ist aufgrund der geltenden Bestimmungen kleiner, erhält dadurch aber zusätzliche Freibereiche. Die Außenwand des Wohnraumes ist zum Garten vollständig verglast, die vorgelagerte Terrasse Erweiterung der Wohnebene und zugleich Eingangsbereich. ■ Das auskragende Obergeschoss nimmt Schlaf- und Badezimmer auf und wird von einer massiven Spange umschlossen, die sich aus Geschossdecke, Außenwand und zwei unterschiedlich geneigten Dachflächen bildet. Zwei Fassaden dieses Geschosses sind mit einer Leichtkonstruktion ausgefacht und zu großen Teilen verglast und bieten einen Panoramablick über die Stadt. Ergänzt wird das Spiel der Dachfläche dadurch, dass First und Traufe der Längsseiten nicht parallel zueinander verlaufen.

Architekten | *architects:*
Schmid & Boese, Wien

Bauherr | *builder-owner:*
Sabine Lukschandel und Claus Christian

Bauzeit | *construction time:*
2001–2002

Foto | *photo:*
Sandy Panek, Wien

The relatively small residential building is located on an allot settlement. The shape and size of the basement are oriented on the building lines, and the ground floor area is smaller due to building regulations, though this does provide additional outdoor areas. The external wall of the living room which faces the garden is glazed, and the patio outside it is used as the entrance area. ■ The protruding upper storey is enclosed by a solid brace consisting of floor, external wall and two roof areas. Two facades on this floor are braced with a lightweight structure and large areas of them are glazed.

Appartementwohnhaus Delugstraße

Döbling
19. Bezirk

Delugstraße 14

Architekten |
architects:
Georg Marterer
und Thomas
Moosmann, Wien

Bauherr |
builder-owner:
Alfred Strommer,
PSK-Immobilien-
leasing GmbH

Bauzeit |
construction time:
2001–2003

Foto | *photo:*
Manfred Seidl,
Wien

In einem Umfeld alter herrschaftlicher Villen, auf einem schmalen, nur 17 Meter breiten Grundstück steht das Appartementwohnhaus mit einer Fassade aus eloxiertem Aluminium. Die äußeren Umrisse richten sich streng nach den baubehördlichen Vorgaben. Die Verkleidung hebt die Grenzen zwischen Wand und Dach auf, es entsteht ein einheitlicher Baukörper, in den Fensterbänder und Terrassen einschneiden. ■ Das Wohnhaus ist als Zweifamilienhaus konzipiert, wobei die Einheiten nicht neben-, sondern übereinander angeordnet sind. Die obere Einheit wird über die angedockte Freitreppe erschlossen. Beide Wohnungen sind jeweils zweigeschossig angelegt. Der offene Wohn-Essbereich im unteren Geschoss und die oberen Schlafräume und Bäder werden über eine mittig gelegene, transparente Innentreppe verbunden. Dachgauben schließen das Gebäude nach oben ab – nicht als aufgesetzte Elemente, sondern als Teil der glänzenden Außenhaut.

The apartment house with aluminium facade is surrounded by old villas. Its exterior contours are strictly in accordance with building law regulations. The cladding eliminates the boundaries between the wall and roof to create a uniform building structure with strip windows and balconies. ■ The residential building is designed as a two-family house and the apartments are one on top of the other. An outdoor staircase leads to the upper unit. Both apartments have two storeys. The living / dining area, bedrooms and bathrooms are connected by a transparent inside staircase. Dormer windows complete the building at the top.

Zentrum Evangelische Kirche Österreich

Severin Schreibergasse 1–3

Währing
18. Bezirk

Der reduzierte, klare und transparente Foyerbaukörper verbindet die Bestandsgebäude des Kirchenamtes und des Ausbildungszentrums der Evangelischen Kirche Österreichs – eine Villa von Theophil Niemann von 1920 und einen Gebäudetrakt von Friedrich Rollwagen aus dem Jahr 1970 – gekonnt und zurückhaltend miteinander. Ergänzt wird dieser subtile Umgang mit dem Bestand durch einen Kapellenbau im hinteren Bereich des Ensembles und den Bibliotheksbau im Untergeschoss. ■ Durch den von der Straßenfront zurückgesetzten Baukörper des Foyers entsteht eine einladende und angenehme Platzsituation, die durch Grünbereiche und Bäume eine hohe Aufenthalts- und Empfangsqualität aufweist. ■ Im Inneren des Foyers dominiert das geradlinige Empfangspult den Raum, von dem man in die Villa, den Seminarbereich, die Studentenwohnungen und das Gebäude des Oberkirchenrates geleitet wird.

The reduced, clear and transparent foyer structure cleverly and subtly unites the existing church administration building with the Austrian Evangelical Church's training centre. This subtle conversion of the existing building is supplemented by a chapel to the rear of the ensemble and a library on the basement floor. ■ Because the foyer structure is set back from the street, it enables pleasant and green areas and trees to provide quality space and an inviting entrance zone. ■ Inside the foyer, a linear reception desk dominates the room which leads to the villa, the seminar area, the student's residences and the church executive committee's building.

Architekten |
architects:
Atelier Heiss ZT
GmbH, Wien
in ARGE mit
Adele Feitzinger,
Wien
Christian Gabler,
Wien

Bauherr |
builder-owner:
Evangelische
Kirche A. B. in
Österreich

Bauzeit |
construction time:
2002

Foto | *photo:*
Irene Schanda,
Wien

Haus_L

Döbling
19. Bezirk   Neustift am Walde

Architekten |
architects:
archiguards
projects ®, Wien

Bauherr |
builder-owner:
privat

Bauzeit |
construction time:
2001–2002

Foto | *photo:*
Gerald Zugmann,
Wien

Als Alternative zur Stadtwohnung entstand auf einem Grundstück im Gartensiedlungsgebiet, das eine maximal bebaubare Grundfläche von 80 m² zulässt, ein Ferienhaus, welches sich durch die definierten Anforderungen in zwei unterschiedliche Räume gliedert. ■ Das auskragende Obergeschoss ist ein weißer Endlosraum, der sich im Norden mittels einer Panoramaverglasung zu den ihn umgebenden Weinbergen öffnet. Bei Bedarf können mittels umlaufender Stoffbahnen zwei Raumzonen gebildet werden. Am anderen Ende findet sich eine abgeschirmte Terrasse, die als Außenzimmer fungiert. Dieser Baukörper ist mit Lärchenholzlamellen verkleidet, die im Sommer reflektierend wirken, im Winter hingegen die flach stehende Sonne hindurchlassen. ■ Der darunter liegende zweite Raum ist in die Erde eingegraben und beherbergt Weinkeller und Badezimmer. Auch hier erweitert ein vorgelagerter Außenraum die Fläche, die vorwiegend der kulinarischen Aktivität dient, während im Obergeschoss Ruhe und Entspannung gesucht werden.

A holiday home, divided into two rooms, was built on a plot of land that was envisaged for allotment gardens. The top floor is a white, endless room that looks out over the vineyards to the north via a panorama window. It concludes with a secluded patio providing outdoor space. This building is clad with larch wood lamellas that have a reflective effect in summer and allow the sunlight to penetrate in winter. ■ On the floor below, the second room is sunk into the ground and houses the wine cellar and bathroom. It also has an outdoor space in front of it which extends the floor area.

rooftop 02

Wallrissstraße 41

Ein alter Dachboden, zuvor als Abstellraum und Trocken-raum genutzt, hat sich in eine offene Wohnung mit Aussicht verwandelt. Der dreizackige Aufbau entstand auf einem alten Biedermeierhaus, welchem schon in den 1970er Jahren ein Geschoss aufgesetzt worden war. ■ Ausgangspunkt des letzten Umbaus war der Neigungs-winkel des alten Daches von 28 Grad, der zum roten Faden der Planung wurde und sich nunmehr in sämtlichen Ein- und Ausbauten wiederfindet. Die offene Struktur des Grundrisses wird mit kleinen Einheiten ergänzt, die durch Schiebewände und Glasflächen dem Großen zugeordnet werden können und an diesem teilhaben. ■ Vorherr-schende Materialien im Inneren der Wohnung sind Glas, Nirosta und Birnenholz, die eine neutrale Basis für die Bespielung des Raumes bieten. Die Badewanne kann bei Bedarf auf die Terrasse hinausgefahren werden.

An old attic has been transformed into an open-plan apart-ment with a view. The three-pointed superstructure was built on top of an old Biedermeier building which had al-ready had an additional storey added in the 1970s. ■ The starting point for the previous conversion was the angle of inclination of the old roof of 28°, which was used as the guideline of the design and is now reflected in all in-ternal fittings and extensions. The open structure of the floor plan is supplemented by small units which are con-nected to the larger area by way of sliding walls and glass panels. ■ The predominant material theme inside the apartment is glass, Nirosta and pearwood. These mate-rials provide a neutral basis for a variety of utilisation con-cepts. The bathtub can be moved out onto the patio if desired.

Architekten |
architects:
HOLODECK.at
breuss +
ogertschnig, Wien

Bauherr |
builder-owner:
Familie Schuster

Bauzeit |
construction time:
2002

Foto | *photo:*
Veronika Hofinger,
Wien

Tee-Haus

Döbling
19. Bezirk   Reumannstraße 59

Architekten |
architects:
Georg Marterer,
Wien

Bauherr |
builder-owner:
Familie K.

Bauzeit |
construction time:
1998

Foto | *photo:*
Manfred Seidl,
Wien

Resultierend aus der schwierigen Zufahrtsmöglichkeit zum Grundstück entwickelte der Architekt ein Fertigteilsystem, welches es ermöglichte, das Haus ohne größeren technischen Aufwand von nur zwei Arbeitern aufstellen zu lassen. ■ Das strenge modulare System aus einem Stahlgerüst mit ausfachenden Holz- oder Glaselementen zeichnet sich sowohl auf der Fassade als auch in der Organisation des Gebäudes ab. Der strenge Wechsel zwischen geschlossenen und offenen Fassadensegmenten ergibt sich aus dem Wunsch, ein offenes Wohnen zu ermöglichen, ohne Einblicke für Fremde zu bieten. So ist um die Straßenseite eine schützende Hülle aus geschlossenen Holzelementen gelegt, während sich die Gartenseite mit ihrer Ganzverglasung dem Ausblick auf die umgebenden Weinberge öffnet.

Since the plot of land was difficult to access, the architect developed a system of pre-fabricated parts that could be installed by only two builders without the need for major expenditure on technology. ■ The strictly modular system, consisting of a steel frame with protruding wood or glass elements, characterises the facade and the structure of the building. The alternation between closed and open facade segments was implemented to satisfy the requirement of enabling open-plan, yet secluded residential units. On the side of the building facing the road, a protective shell consisting of closed wooden elements has been installed. The garden side is entirely glazed and provides views of the surrounding vineyards.

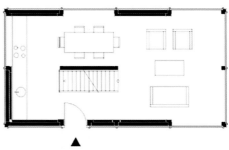

Grundriss | floor plan

Wohnhausanlage Cobenzlgasse

Döbling
19. Bezirk

Cobenzlgasse 35

Architekten |
architects:
Rüdiger Lainer,
Wien

Bauherr |
builder-owner:
A & A
Liegenschafts-
entwicklungs
GmbH

Bauzeit |
construction time:
2003–2004

Foto | *photo:*
Gert Walden,
Wien

Das am Ende von Grinzing gelegene Gebäude wurde als Wohnanlage mit 13 Wohnungen für gehobene Ansprüche konzipiert. Es nimmt dabei mit seiner Höhenstaffelung Rücksicht auf die bestehende kleinteilige Villenbebauung und passt sich somit maßvoll in den gegebenen Kontext ein. So erscheint die Bebauung eher wie ein Konglomerat aus Einfamilienhäusern und schafft vielfältige Zwischen- und Freiräume. ■ Die Grundrisse der Wohnungen wurden ihrer jeweiligen Lage im Haus angepasst und ausgerichtet. Zusammengebunden werden die Gebäudeteile mittels einer ornamentierten Haut aus Aluminiumguss, die eine Pflanze, ähnlich einer Weinrebe, in Reminiszenz an die umliegenden Weinberge und Heurigen stilisiert nachbildet und sich über die ganze Anlage ausbreitet.

The building located at the end of Grinzing was designed as a luxury residential complex with 13 apartments. The building's graduation in height takes the existing compact villas into account and therefore comprises a fitting addition to the existing context. The development looks more like a conglomerate of single-family houses and creates diverse intermediate and open spaces. ■ The floor plans of the apartments were adapted and designed to reflect their position in the building. The individual elements of the building are united by an ornamental shell in cast aluminium. It depicts a plant, similar to a vine, which is reminiscent of the surrounding vineyards and wine bars and extends over the entire complex.

Wohnhaus Himmelstraße 13

Himmelstraße 13

Döbling
19. Bezirk

Das L-förmige Gebäude, dessen bis in Jahr 1684 zurück-
reichende bewegte Vergangenheit an der vorhandenen
Struktur abzulesen war, ist auf einem schmalen, lang gestreckten Grundstück mitten im alten Grinzinger Orts-
kern gelegen. ■ Im straßenseitigen Erdgeschoss wird
der Bürobereich situiert, um die Funktionen Arbeiten und
Wohnen möglichst zu separieren. Der darüber liegende
Wohnbereich wird durch einen angedockten „Würfel"
bereichert, dessen Glasfront sich vollkommen öffnen
lässt. Das sich in Anlehnung an die traditionelle Haken-
form in den Garten schiebende Obergeschoss dreht sich
zum Gartenbereich aus seiner Achse, der „Tropfen" löst
sich vom Baukörper und belichtet die darunter liegende Ebene. An diesem additiven Element entlang führt
eine Stahltreppe auf die Gartenebene. ■ Ein Wellness-
bereich mit anschließendem Pool ergänzt auf Hofniveau
das Ensemble.

Architekten |
architects:
freiTraum, Wien

Bauherr |
builder-owner:
Familie S.

Bauzeit |
construction time:
2001–2002

Foto | *photo:*
Hertha Hurnaus,
Wien

The L-shaped building whose interesting past is visible
on the existing structure, is located on a narrow, long plot
of land. ■ The office area is located on the ground floor
at the side facing the street to ensure that the functions
of working and living are separated as far as possible.
The residential area above is enhanced by a docked-on
"cube" with a glass front that can be completely opened
up. The upper floor in the traditional hooked shaped,
which protrudes over the garden, is rotated on its axis
so that it "drips" onto the garden, thereby detaching itself from the building structure and illuminating the area
below. A steel staircase leads along this additive element
to the garden level.

Unterirdisches Hallenbad

Döbling
19. Bezirk   1190 Wien

Architekten |
architects:
the next
ENTERprise
e. j. fuchs |
mth.harnoncourt,
Wien
in Kooperation
mit Florian Haydn,
Wien

Bauherr |
builder-owner:
privat

Bauzeit |
construction time:
1998–2001

Foto | *photo:*
Gerald Zugmann,
Wien

Die Architekten machten sich, geleitet vom Wunsch des Bauherren nach einem Schwimmbad und eingeschränkt von den baurechtlichen Gegebenheiten, auf die Suche nach einer Alternative zum oberirdischen Schwimmbad. Die Lösung war simpel und genial zugleich: Es musste mehr oder weniger komplett unter der Erdoberfläche verschwinden und den Außenbezug zum darüber liegenden Park lediglich durch Oberlichter erhalten. ■ Es entwickelte sich ein Spiel mit Topographie, Lichtführung und gefaltetem Raum, der das Schwimmbad zu dem letztendlich gebauten Raum werden ließ. Der Weg vom Haus führt entlang des Wellnessbereichs mit Sauna und Solarium zum Schwimmbadbereich und schließlich über eine Treppe nach oben in den Garten der Villa.

The architects set out to find an alternative to an overground swimming pool at the request of the client and taking into account building regulation restrictions. The solution was both simple and ingenious. The swimming pool would be more or less completely submerged below the surface of the land, and the only external indication of its existence would be top lights on the park opposite. ■ The architects developed a concept that played with topography, light guiding and folded space, which enabled the swimming pool to be incorporated in the development. The path from the building passes by the wellness zone, where the sauna and solarium are located, to the swimming area and then via a staircase up to the villa garden.

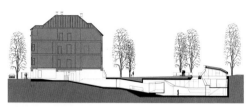

Schnitt | section

Floridsdorf
Donaustadt

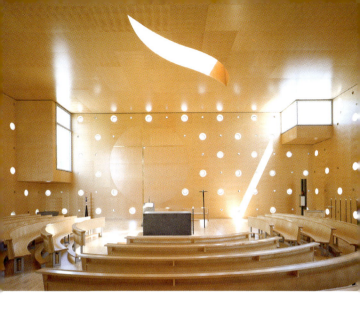

Kirche Donaucity

Donaucitystraße 2

Donaustadt
22. Bezirk

Zwischen den Hochhäusern der Donaucity steht ein kleiner, auf den ersten Blick unscheinbarer Monolith: die rö-
misch-katholische Kirche „Christus Hoffnung der Welt".
Der auf der Grundform eines Quadrates basierende Bau
dreht sich zur Hauptachse der Donaucity und bildet mit
einem gegenüberliegenden Gebäude einen Platz aus. ■
Die Kreuzquaderform der Kirche entsteht durch gezielt
gesetzte Ausschnitte an den Ecken des Würfels. Die
Außenhülle ist mit glänzenden, schwarzen Chromstahl-
platten bekleidet und von unzähligen kreisrunden verglasten Lichtpunkten durchsetzt. Ihre verblüffende Wirkung verrät das Bauwerk erst tagsüber im Inneren: Der
Innenraum mit hellem Birkensperrholz scheint durch das
eindringende Licht zu glühen. Ein einzelner Decken-
schlitz direkt über dem Altar verstärkt diese Wirkung. Bei
Dunkelheit kehrt sich die Wirkung um, der Baukörper
leuchtet nach außen.

The square-shaped church faces the main axis of
Donaucity and creates a plaza in conjunction with the
building opposite. The church's cross freestone form is
creat–ed by specifically positioned notches at the corners of the cube. ■ The exterior shell is clad with shiny
black chrome-plated steel panels and interspersed with
numerous round windows to provide light dots. The impressive effect of this building is evident inside during
daylight hours. The interior, furnished with pale beech-
wood, appears to glow as a result of the penetrating light.
One single ceiling slit right above the altar enhances this
effect. When it is dark, the effect is reversed and light
emerges from the building.

**Architekten |
architects:**
Heinz Tesar, Wien

**Bauherr |
builder-owner:**
Erzdiözese Wien

**Bauzeit |
construction time:**
1999– 2000

Foto | photo:
Christian Richters,
Münster

Mischek Tower Donaucity

**Donaustadt
22. Bezirk**   Leonard-Bernstein-Straße 8

**Architekten |
*architects:***
Delugan Meissl
Associated
Architects, Wien

**Bauherr |
*builder-owner:***
MISCHEK Wiener
Heim Wohnbau
GesmbH

**Bauzeit |
*construction time:***
1999– 2001

Foto | *photo:*
Sandy Panek,
Wien

Das Hochhaus mit 35 Geschossen und 110 Metern Höhe ist mit seiner zentrumsnahen Lage im Grünen zwischen Donau und Donauinsel eine exponierte Wohnadresse und bietet in den oberen Etagen einen weit schweifenden Fernblick. ■ In Fertigteilbauweise errichtet, sitzt das Gebäude scheinbar auf einem liegenden, neungeschossigen Gebäuderiegel, der die Kante der Donaucity markiert. Darüber erhebt sich der Turm, der in zwei Hälften geteilt scheint, die gegeneinander verschoben sind. Die der Donaucity zugewandte Seite knickt im oberen Bereich schräg nach hinten. Zwischen beiden Gebäudeteilen ist die Erschließungszone angeordnet. ■ Neben Glasflächen dominiert Aluminium als Gestaltungselement das Bauwerk. Es findet sich an den Schmalseiten des Gebäudes als Wandverkleidung, am weit auskragenden Vordach, als Pfosten-Riegel-Konstruktion sowie als Loggienverkleidung.

The high-rise building is located close to the city centre in a green-belt zone between the Danube and Danube Island. ■ It is built from pre-fabricated sections and looks as if it is sitting on a horizontal, nine-storey building bar. The tower above it appears to be divided into two parts that are pushed together. The side facing Donaucity inclines back at the top. The lobby area is located between the two parts of the building.■ In addition to glass surfaces, the building predominantly features the design element of aluminium. It is incorporated on the narrow sides of the building, on the porch, as a post-and-bar structure and as panelling in the loggia area.

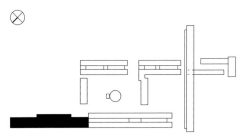

Lageplan Donaucity | siteplan Donaucity

Wohnpark Neue Donau

Donaustadt
22. Bezirk

Rudolf-Nurejew-Promenade 1–9

Architekten |
architects:
Harry Seidler &
Associates,
Sydney (AUS)

Bauherr |
builder-owner:
Wohnpark Neue
Donau Projekt +
Errichtung GmbH

Bauzeit |
construction time:
1996–1999

Foto | *photo:*
Sandy Panek,
Wien

Die Wohnanlage mit 540 Wohneinheiten liegt über einem Autobahntunnel. Zwei Planungsgrundsätze bestimmten die städtebauliche Konfiguration des Komplexes: Jede Wohnung sollte über einen Ausblick zum Donaukanal verfügen, den dahinter liegenden Bestandsgebäuden werden Sichtschneisen zum Wasser angeboten. ■ Durch das Schrägstellen der Wohnzeilen und den Verzicht auf die übliche Blockbebauung wird die Lastverteilung auf die Überplattung der Autobahn optimiert, größere Gebäudehöhen sind möglich. Aus der optimalen Lastverteilung resultiert die Höhenstaffelung der Zeilen in Richtung Ufer, zusätzlich werden so den Wohnungen zugeordnete Terrassen geschaffen. Alle anderen Einheiten, meist Zwei- und Dreizimmerwohnungen, verfügen über Balkon oder Garten. ■ Gebogene Betonfertigteile und Glasbrüstungen ließen sich durch die große Stückanzahl im gegebenen Kostenrahmen realisieren.

The residential estate is located above a motorway tunnel. In accordance with the development plan, each apartment looks out over the Danube Canal and the existing buildings behind are provided with a view of the water through aisles. ■ By skewing the position of the residential units and dispensing with the customary block construction method, the load distribution on the motorway tunnel structure is optimised and higher buildings are possible. The optimum load distribution results in rows with staggered heights, and enables the creation of patios. All other units have a balcony or garden. ■ Curved pre-cast concrete elements and glass balustrades could be purchase in bulk at a low price.

Saturn Tower

Leonard Bernstein Straße 10

Donaustadt
22. Bezirk

An der Nordwest-Ecke der Donaucity, angrenzend an den Donau Park, bildet der Saturn Tower die Endbebauung der Stadterweiterung. Die einfache Grundform wird durch Erker und Einschnitte definiert, verschiedene Volumen strukturieren das Gebäude und bieten differenzierte Ausblicke in die Umgebung. Die Zusatzelemente unterscheiden sich durch unterschiedliche Glastönungen von der Hauptfassade. ■ Unter einem langen Vordach betritt man das repräsentative Foyer, in dem auch eine Cafeteria untergebracht ist. Darüber erheben sich 22 Etagen für die Büronutzung. Im obersten Geschoss gibt es eine Skylobby mit Terrasse, die von einem weit auskragenden Flugdach bekrönt wird. Der Büroturm bietet die Möglichkeit, mit dem Fahrzeug direkt auf die Haupteingangsebene zu gelangen – eine durch die Randlage des Gebäudes ermöglichte Besonderheit in der Donaucity. Eine fünfgeschossige Parkgarage ergänzt das Gebäude. Sie ist über eine Rampe direkt mit der Vorfahrt der Lobby verbunden.

Saturn Tower is the outermost development in Donaucity. Its basic shape is defined by bay windows and recesses, and different volumes structure the building. The different colours of glass on the main facade define the additional elements. ■ The prestigious foyer is accessed via a porch. Above the foyer are 22 floors of office space. A sky lobby with terrace is located on the top floor, crowned by a protruding shed-type roof. The office tower enables drivers to take their cars right up to the main entrance level, which is unusual in Donaucity.

Architekten | architects:
Hans Hollein, Wien
Heinz Neumann, Wien

Bauherr | builder-owner:
WED Saturn Liegenschaftsbesitz GmbH

Bauzeit | construction time: 2003– 2004

Foto | photo:
Gerald Zugmann, Wien

SEG Wohnturm

Donaustadt
22. Bezirk   Kratochwjlestraße 12

Architekten |
architects:
Coop
Himmelb(l)au,
Wien

Bauherr |
builder-owner:
SEG

Bauzeit |
construction time:
1996–1998

Foto | *photo:*
Sandy Panek,
Wien

Im Rahmen des geförderten Wohnungsbaus errichtet, ergibt sich das äußere Erscheinungsbild des 60 Meter hohen Turms mit einem Nutzungsmix aus Wohnungen, Büros und Praxen aus der Überlegung, zwei Häuser übereinander zu stellen. In deren Schnittpunkt, dem neunten Geschoss, findet sich die „Skylobby", die als Spiel- und Aufenthaltsbereich dient. Über ihrem Hauptraum erhebt sich ein vierzehngeschossiger Luftraum, in den die Loggien und Balkone der Wohnungen eingehängt sind. Er befindet sich in der abgeschrägten, nach hinten gekippten Fassade. ■ Alle Wohnungen wurden auf der Grundlage eines loftartigen Grundrisses ohne tragende Zwischenwände konzipiert. Die Glasfassade ist in Kombination mit dem Gebäudekern, der als Wärmespeicher geplant wurde, und der aufgesetzten „Air-Box" ein intelligentes System, welches im Sommer die Wohnungen kühlt, im Winter die notwendige Heizleistung minimiert.

The tower's appearance and its combined utilisation concept for residential units, offices and medical practices are based on the idea of putting two buildings one on top of the other. The "Sky Lobby" – a play and lounge area – is located at the point of intersection. Fourteen storeys with attached loggias and balconies surround the open space above the main lobby. It is located in the inclining facade, which leans backwards. All apartments are designed with a loft-type layout. ■ The glass facades, in combination with the heat-storing core of the building and the "Air Box" on the top, ensure that the apartments are cooled in summer and minimise the heating necessary in winter.

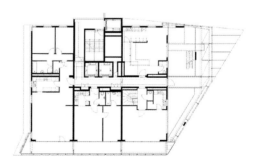

Grundriss | floor plan

Wohnanlage Cassinonestraße

Donaustadt
22. Bezirk

Cassinonestraße 48

Architekten |
architects:
wurnig/kljajic
architekten, Wien

Bauherr |
builder-owner:
GEWOG

Bauzeit |
construction time:
2000–2002

Foto | *photo:*
Sandy Panek,
Wien

Am Rande des 22. Bezirks gelegen und gesäumt von kleinteiliger Einfamilienhausbebauung und Feldern, nimmt die Wohnanlage mit insgesamt 42 Wohneinheiten den Maßstab der umliegenden Gebäude auf. Sie ist in drei Zeilen angeordnet und wird durch ein Wegenetz zerteilt. In diesen Einschnitten befinden sich die Treppenhäuser, die vollständig verglast sind und sich in den halböffentlichen Raum zwischen den Reihen schieben. ■ Die Wohnungen bieten eine wählbare Raumanordnung. Durch die Schottenbreite von 7,20 Metern ist keine weitere tragende Wand notwendig. Je nach Bedarf können die Zimmer um einen fixen Sanitärkern in der Mitte aufgeteilt werden. Nach Süden sind Balkone und Terrassen vorgelagert, jede Wohnung verfügt über einen eigenen Freibereich. Die Fassaden der Anlage sind weiß verputzt, Glasscheiben zwischen den Balkonen als Trennelemente setzen farbige Akzente.

The residential complex has a total of 42 units and harmonises with the dimensions of the surrounding buildings. It consists of three rows and is divided up by a network of paths. These zones are where the stairwells are located. All are entirely glazed and protrude into the semi-open areas between the rows. ■ The apartments' layout can be defined by the residents. Their width of 7.20 metres makes a further supporting wall unnecessary. If required, the rooms can be partitioned at the centre by a permanent utility core. They have south-facing balconies and terraces in front of them. The facades are covered in white plaster and the glass panels between the balconies add colour highlights.

Wohnanlage Leopoldauer Straße

Leopoldauer Straße 168

In einer Umgebung, die vorwiegend von Schrebergärten und stark befahrenen Straßenzügen geprägt ist, wurde die Wohnanlage mit 75 Wohnungen errichtet. Diese ist E-förmig, mit einem Solitärgebäude im Hofbereich, angeordnet. Die erdgeschossigen Wohnungen besitzen alle einen Vorgarten und eine zum Hof gerichtete Grünfläche, die oberen Wohnungen Terrassen. ■ Prägnant ist die Farbe der Siedlung: Die Holzverkleidung der Wandflächen, die Blechdeckung der Dächer sowie die zwischen den einzelnen Einheiten angeordneten Pflanztröge sind bordeauxrot. Aus den Trögen wachsen die dominanten, beschichteten Stahlskelette als Rankhilfe für Kletterpflanzen heraus, die eine grüne Wand zwischen den einzelnen Bereichen bilden sollen. ■ Die Wohnungen, meist als Maisonetten ausgeführt, verfügen über großzügige Verglasungen zu den ihnen zugeordneten Freibereichen. Die zwischen den Zeilen angeordneten Durchgänge und Stiegenhäuser, eigentlich offen geplant und später aufgrund behördlicher Auflagen doch verglast, öffnen die E-förmige Gebäudekonfiguration.

The 75 apartments in the estate are arranged in an E-shape. They all have a front garden and a green area or terrace facing the courtyard. ■ The colour of the estate is very distinctive. The walls and roofs, as well as the plant holders between the units, are Bordeaux red. The plant holders contain steel trellises for the climbing plants. ■ The apartments have large windows facing the open spaces that are allocated to them. The alleyways and staircases between the rows open up the building configuration.

Architekten |
architects:
Jean Nouvel,
Paris (F)

Bauherr |
builder-owner:
SEG

Bauzeit |
construction time:
1996–1998

Foto | *photo:*
Sandy Panek,
Wien

Haus Hofbauer

Floridsdorf
21. Bezirk

Kugelfanggasse 60

Architekten |
architects:
Pichler &
Traupmann
Architekten, Wien

Bauherr |
builder-owner:
Familie Hofbauer

Bauzeit |
construction time:
2000–2001

Foto | *photo:*
Paul Ott, Graz

Das Gebäude besteht aus zwei Volumen, die ineinander greifen, sich verschneiden und verzahnen und dadurch den Innenraum definieren. Darüber stülpt sich eine weiß geputzte Hülle, die den Raum umschließt und diesen nachzeichnet. Die Außenhaut entwickelt sich dabei scheinbar aus einer Grundplatte, die durch Falten und Knicken Wand, Dach und Geschossdecke ist. Sie wird von den Architekten als Primärfigur bezeichnet. Mehrere Sekundärfiguren ergänzen das Gebäude, unterscheiden sich aber jeweils in ihrer Materialität. ■ Zur Straßenfront relativ geschlossen ausgebildet, öffnet sich das Haus dagegen zur Gartenseite fast vollständig. Die Erschließung verläuft diagonal, wird von den Funktionsbereichen flankiert und weist als Blickachse auf den Donauturm. ■ Der Wohn- und Aufenthaltsbereich befindet sich auf Gartenniveau, die Schlafräume und Bäder sind darüber angeordnet. Ein Schwimmbad im Kellergeschoss, auch dieses mit einem großzügigen Außenraum versehen, ergänzt das Raumprogramm.

The building consists of two structures that interlink and intermesh, thereby defining the interior space. Above them is a shell covered in white plaster which encases the room and follows its lines. ■ The external shell appears to rise up from a base plate and, through folding and bending, it forms the wall, roof and floor. This primary figure is supplemented by several secondary figures, all of which differ in terms of material. ■ Although it is relatively closed off on the side facing the street, the building opens up almost completely on the side facing the garden. The development is diagonal.

Grundrisse | floor plans

Compact City

Donaufelderstraße 101

Architekten |
architects:
BUS architektur,
Wien

Bauherr |
builder-owner:
SEG

Bauzeit |
construction time:
1999–2002

Foto | photo:
Nikolaus
Similache,
Wien

Das mit dem „Otto Wagner Städtebaupreis 1998" ausgezeichnete Projekt ist die gelungene Interpretation des Begriffes „Stadt in der Stadt". Es ist bereits 1993 auf Eigeninitiative der Architekten unter dem Titel „Homeworkers" entstanden und weiterentwickelt worden und hat 1998 schließlich mit der SEG einen investitionsbereiten Bauherren gefunden. ■ Bezeichnend für das Projekt ist die dreidimensionale Verschränkung von Lebens-, Aufenthalts- und Arbeitsraum. Unter der so genannten „Urbanen Platte" liegt die Sockelzone mit ihren Geschäften, Restaurants, Lager- und Parkflächen. Darüber erstreckt sich in erfrischender Vielfalt und Konfiguration das Wohnen und Arbeiten. Laubengangerschließung, pavillonartige Aufbauten und Balkone entwickeln ein spannungsvolles und abwechslungsreiches Gesamtbild. ■ Von der Donaufelderstraße in den Carminweg schauend, erblickt man das verglaste und rampenartig erschlossene Treppengebäude, welches dem Beobachter die Überlagerung der Funktionen auf den verschiedenen Ebenen erahnen lässt.

This project is distinguished by the three-dimensional interleaving of living, communal and working space. The socle zone, with its shops, restaurants, storage and parking areas, is located beneath the "urban plate". Above it, a refreshing variety and configuration of living and workspace can be found. Accessways, pavilion-like superstructures and balconies give the building an interesting visual impact. ■ The glazed, ramp-like stairway provides users with an idea of how the functions of the various levels are superimposed.

146

Kindertagesheim Frauen-Werk-Stadt

Carminweg 6

Floridsdorf
21. Bezirk

Das Kindertagesheim ist im Hof einer Wohnbebauung situiert und wird über diese erschlossen. Hinter dem Wohnblock fällt das Gelände ab, das Gebäude steht senkrecht zum Wohnbau am Fuße dieses Hügels und wird im Norden von einem Grünstreifen begrenzt. ■ Die drei Gruppenräume liegen aufgeständert über dem Freibereich mit Spielplatz, in den weiß verputzten, zurückgesetzten Stützen befinden sich die Sanitär- und Abstellräume der Gartenebene. Über eingeschnittene Treppen erreicht man die im Westen dem Gebäude vorgelagerten Terrassen mit direktem Zugang zu den Gruppenräumen, die zusätzlich über Sheddächer belichtet werden. ■ Nach Osten weiten sich die Räume in Erkern auf, die modifizierte Aufenthalts- und Spielflächen bieten. Verkleidet wurde das Gebäude mit braunorange eingefärbten Glasplatten.

The child daycare centre is situated in the courtyard of a residential building and accessed via it. Behind the residential block, the land slopes downwards and the building stands vertically aligned with the residential building at the foot of the hill. It borders onto a green belt at the north. ■ The three classrooms are on columns above the outdoor area, where the playground is located. The columns are covered in white plaster and contain the utility and storage rooms for the garden level. An inset staircase on the western side of the building leads to the terraces in front of it and provides direct access to the classrooms, which have additional lighting via shed roofs. ■ The rooms have bay windows extending to the east which incorporate modified seating and play areas. The building is clad with brown and orange coloured glass panels.

Architekten | architects: Elsa Prochazka, Wien

Bauherr | builder-owner: Magistrat der Stadt Wien

Bauzeit | construction time: 1995–1997

Foto | photo: Sandy Panek, Wien

Merkur Brünnerstraße

Floridsdorf
21. Bezirk

Brünnerstraße

Architekten |
architects:
LIMIT architects,
Wien

Bauherr |
builder-owner:
rewe austria

Bauzeit |
construction time:
2004

Foto | *photo:*
Nikolaus Korab,
Wien

Die rewe Gruppe war auf der Suche nach einem neuen corporate design, als sie die Architektengruppe mit dem Auftrag für einen Supermarkt betrauten. So ist im Norden Wiens an einer der Ausfallstraßen, die Wien mit Brünn und Prag verbinden, ein neuer Markt entstanden, der durch seine Schlichtheit und Zurückhaltung überzeugt. ■ Es ist ein aluminiumfarbener, gut proportionierter und in seiner Kontur gestalteter Baukörper, der sich mit seiner vollständig verglasten und grün schimmernden Eingangsfassade zum großzügig überdachten Vorbereich öffnet; dieser wird lediglich durch vier V-Stützen zoniert. ■ Das „neues Gesicht" der Supermarktkette fand beim Bauherren Anklang, wie der Bau von bereits zehn Märkten in Österreich mit ähnlichem Erscheinungsbild beweist.

The rewe supermarket chain was looking for a new corporate design when it commissioned the team of architects to build a supermarket. A new store was built in the north of Vienna, on one of the roads that link Vienna with Brünn and Prague, based on a convincing concept of subdued simplicity. ■ The building is aluminium coloured, well-proportioned and contoured. It has a shimmering green entrance facade made entirely of glass with a generously-sized covered forecourt that is only divided into zones by way of V-shaped columns. ■ The client liked the supermarket chain's "new face" and ten more stores in a similar design have now been commissioned in Austria.

Volksschule Natorpgasse

Natorpgasse 1

Donaustadt
22. Bezirk

Das denkmalgeschütze, im Jahr 1930 unter dem Stadt-
schulrat Otto Glöckel erbaute Schulgebäude war im Laufe
der Zeit zu klein geworden und benötigte eine Erweiterung. Um die beengte Freiflächensituation des Schul-
hofes nicht weiter zu verstärken, entschied der Architekt
sich gegen einen Neubau im Hof der Schule und für eine Aufstockung im Dachbereich bis an die Grenzen des
baurechtlich Möglichen. ■ Der silbern schimmernde Al-
uminium-Aufbau scheint nahezu über den steinernen
Außenwänden des Bestandsgebäudes zu schweben,
was durch die Baukörperauskragung über dem Dachter-
rassenbereich des Altbaus noch verstärkt wird. ■ Im Inneren des C-förmigen Dachaufbaus positionieren sich
fünf neue Klassenräume mit Blick zum Schulhof vor einen
Gang mit Fensterband, der parallel zur Josef Sickinger
Gasse verläuft.

Architekten |
architects:
Andreas Treusch,
Wien

Bauherr |
builder-owner:
Stadt Wien, MA 56

Bauzeit |
construction time:
2000– 2001

Foto | *photo:*
Sandy Panek,
Wien

The listed school building, which was commissioned in
1930 by the director of the school committee, Otto
Glöckel, had become too small as the years passed and
required an extension. In order to prevent the further de-
pletion of the already small outside area on the schoolyard, the architect decided against a new building on the
school site and, instead, to add another storey above the
roof that was as high as building regulations would per-
mit. ■ The shiny silver aluminium superstructure appears
to almost hover above the stone external walls of the
existing building, and the effect is further enhanced by
the superstructure's protrusion over the roof terrace area
of the old building. ■ The C-shaped roof extension houses five new classrooms which look out onto the schoolyard. They are positioned in front of a corridor with strip
windows that runs parallel to Josef Sickinger Gasse.

Apotheke zum Löwen von Aspern

Donaustadt
22. Bezirk

Grossenzersdorferstraße 4

Architekten |
architects:
ARTEC Architekten,
Bettina Götz und
Richard Manahl,
Wien

Bauherr |
builder-owner:
Dr. Wilhelm Schla-
gintweit KG /
PHOENIX
Arzneiwaren
GesmbH, Wien

Bauzeit |
construction time:
2003

Foto | *photo:*
Sandy Panek,
Wien

Die Apotheke zum Löwen liegt im alten Aspener Orts-
kern in einer Baulücke, die sich zwischen zwei Straßen
erstreckt. Die Hauptfront mit Schaufenster und Kun-
deneingang liegt an der Grossenzersdorferstraße. Ein
großer Hof von der Zachgasse bildet einen weiteren
Kundenzugang und die Lieferantenschleuse. Über einen kleinen Atriumhof wird der Apothekenbereich zusätzlich belichtet. Der Klostergarten als Schaugarten und
die Dachterrassen für Mitarbeiter und Besucher ver-
vollständigen die Symbiose aus Natur und Gebäude. ■
Der Verkaufsraum wird von einer weitgespannten Sicht-
betondecke gefasst, die mit ihren gebogenen Enden den
Abschluss zu den angrenzenden Straßen bildet. Struk-
turiert wird der Innenraum von Lichtbändern, die sich teilweise in den Raum stülpen und dadurch Regale und Infrastruktur der Apotheke ausbilden.

The "zum Löwen" pharmacy at the centre of Aspen vil-
lage stands on a gap site between two streets. The main
facade with shop window and customer entrance is on
Grossenzersdorferstrasse, and another customer entrance, as well as the delivery entrance, are accessed via
the large courtyard. A small atrium provides some of the
daylight illumination. The ornamental cloister garden and
the roof patio for staff and visitors complete the symbiosis of nature and architecture. ■ The pharmacy retail
area is covered by a widespan exposed concrete ceiling,
curving at each end to create an interface to the adjoining streets. The interior structure features light strips,
some of which protrude into the room to accentuate the
pharmacy's shelves and infrastructure.

Kindertagesheim der Stadt Wien

Schrebergasse

Donaustadt
22. Bezirk

Der Kindergarten ist der dritte in einer Reihe von Bauten, bei denen die Architekten ein Holzskelettsystem verwenden, das modifiziert wurde und eine rasche Bauzeit bei gleichzeitiger Minimierung der Kosten zulässt. Maßgeblich für die städtebauliche Konfiguration des Projekts ist die dem Bau gegenüberliegende Schule. Beide Gebäude umschließen nunmehr einen urbanen Platz. ■ Der Kindergarten gliedert sich in zwei unterschiedlich lange Baukörper, die an einer linearen Achse angeordnet werden. Im niederen Teil finden sich die Gruppenräume mit direktem Zugang zum Garten. Sie sind jeweils als Einheit mit Garderobe, Sanitärzellen und Abstellraum ausgebildet. Durch eine vorgesetzte Lamellenstruktur aus Lärchenholz wird der Baukörper nach außen abgeschlossen und bildet im Zwischenbereich einen überdachten Freiraum. ■ Im Flurbereich entstehen durch das Verschieben der roten WC-Boxen aus den Gruppenräumen heraus differenzierte Aufenthalts- und Spielbereiche. Der zweigeschossige Baukörper überspannt den Eingangsbereich und nimmt den Bewegungsraum, die Büro- und Nebenräume auf und ist mit zementgebundenen Holzfaserplatten verkleidet.

This child daycare centre was built with a wooden skeleton structure which enabled a short construction period and minimised costs. ■ It consists of two building structures of different lengths which are arranged along a linear axis. The classrooms with garden access are located in the lower section. A lamella structure in larch wood rounds off the exterior of the building. ■ The two-storey structure contains an entrance hall, offices and ancillary rooms, and is clad in cement-fixed chipboard panels.

Architekten |
architects:
Architekturbüro
Schluder/Kastner,
Wien

Bauherr |
builder-owner:
Gemeinde Wien

Bauzeit |
construction time:
1999

Foto | *photo:*
Thomas Reinagl,
Wien

AHS Heustadelgasse

Donaustadt
22. Bezirk

Heustadelgasse 4

Architekten |
architects:
henke und
schreieck
Architekten, Wien

Bauherr |
builder-owner:
BIG Bundesimmo-
bilienges. mbH

Bauzeit |
construction time:
2000–2002

Foto | *photo:*
Sandy Panek,
Wien

Die Schule liegt in einem kleinteiligen, von ein- und zwei-geschossigen Häusern und Feldern geprägten Gebiet. Die Grundstücksgröße wird ausgenutzt, nur zwei Geschosse erheben sich über dem Gelände und schaffen so den Schulterschluss mit der umgebenden Bebauung. Vier Trakte umschließen einen Innenhof, der, einen Meter über Straßenniveau gelegen, Zentrum des Campus ist. Dieser bildet gemeinsam mit Vorplatz, zweigeschossiger Aula und Turnsaal eine lineare Achse durch das gesamte Gebäude. ■ Die Gangzonen der Klassenräume verlaufen entlang des Atriums und sind durch ihre Breite auch Garderobe und Pausenbereich. Die Klassenräume öffnen sich mit großen Glasflächen zur Umgebung. Durch die differenzierte Materialwahl entstehen einzelne, definierte Bereiche; es werden aber auch Zonen offen gelassen, die von den Nutzern geprägt werden sollen.

The school is located in an area of predominantly single and two-storey buildings. It extends over the entire plot of land, and the buildings are no higher than two storeys so that they blend in with the surrounding development. Four wings surround an inner courtyard at the centre of the campus. The courtyard and forecourt, two-storey assembly hall and gym constitute a linear axis through the entire building. ■ The corridor zones and classrooms extend along the atrium and have cloakrooms and break areas between them. The classrooms offer a view of the surrounding area through glass surfaces. A differentiated choice of materials has enabled the creation of individual, defined areas, though some zones are left neutral so that they can be defined by the users.

Hauptschule Wien-Essling

Simonsgasse 23

Donaustadt
22. Bezirk

Die Hauptschule liegt in einem Stadtentwicklungsgebiet, umgeben von einer weitgehenden Bebauung mit Einfamilienhäusern. Der Neubau stellt eine in sich schlüssige Struktur dar, die seine Umgebung prägt. Das Projekt entwickelt sich entlang einer Hauptachse von Norden nach Süden, an der sich die zentralen Räume der Schule befinden: Arena, Bibliothek, Speisesaal, Mehrzweckraum und Turnbereich. Aus dieser Achse krümmt sich ein Baukörper, der in zwei Geschossen die Klassenzimmer beherbergt und den Pausenhof umschließt. ■ Die Zimmer im Erdgeschoss sind zu einer Seite orientiert und über einen natürlich belichteten Gang erschlossen. Im darüber liegenden Geschoss sind die Klassenzimmer über einen Mittelgang mit Oberlichten zu erreichen. Das obere Geschoss ragt dabei teilweise über das Erdgeschoss hinaus, so dass es gleichsam zu schweben scheint. ■ Ein öffentlicher Durchgang zwischen Simonsgasse und Rosenbergstraße bildet einen Grünraum und distanziert den Schulbau von der ihn umgebenden Bebauung.

Architekten |
architects:
Günther Domenig,
Graz

Bauherr |
builder-owner:
Magistrat der
Stadt Wien (MA
19, MA 56, MA 26)

Bauzeit |
construction time:
1994–1996

Foto | *photo:*
Sandy Panek,
Wien

The project runs along the main north-south axis, where the central rooms of the school are located. A curved building structure with two storeys of classrooms and the schoolyard extends out from it. ■ The rooms on the ground floor are located on one side and accessed by a daylight-illuminated corridor. On the floor above, the classrooms are accessed via a central corridor, and the top floor protrudes in places over the ground floor. A public pathway provides a green area and sets the school apart from the surrounding buildings.

Objektregister | Index of projects

A1 Lounge **29**
AHS Heustadelgasse **152**
Albertina – Entrance Area – Soravia Wing **12**
Albertina Café Restaurant **13**
Apotheke zum Löwen von Aspern **150**
Appartementwohnhaus Delugstraße **124**
Außenstelle des Stadtgartenamtes Wien 11 **80**

Bank Austria Filiale am Leberberg **74**
Bar Italia **26**
Bar Restaurant Naschmarkt Deli **19**
Brotfabrik **118**
Bürogebäude Objekt 645 **93**
Bürohaus_r12 **97**
Büropenthouse Meidlinger Hauptstraße **99**
Büro- und Geschäftshaus K47 **10**

Café im Palmenhaus **15**
City Lofts Wienerberg **90**
Club Passage **24I25**
Coca-Cola Beverages **87**
Compact City **146**

Dachaufbau Gumpendorfer Straße **23**
Dachaufbau Spitalgasse **35**

Einfamilienhaus DRA **120**
Einfamilienhaus in spe **102**
Einfamilienhaus SPS **122**
Electric Avenue **45**
Entertainment Center Gasometer „Pleasure-Dome" **72**
Erdberger Steg **73**
Erweiterung der Wiener Stadthalle **112**

Fabios **9**
Flughafenerweiterung Skylink **92**

Garten der Kinder am Erlachplatz – Kindertagesheim der Stadt Wien **83**
Gartensiedlung Neues Leben **75**
Gasometer Simmering **70I71**
Generali – Media Tower **60I61**
Geologische Bundesanstalt Wien **63**
Geriatriezentrum im Kaiser-Franz-Josef-Spital **86**
GIL 1 **27**
Glacis Beisl MQ **43**

Hauptbücherei Wien am Gürtel **31**
Hauptschule Wien-Essling **153**
Hauptwerkstätte MA48 **121**
Haus Hackenbuchner **101**
Haus Hofbauer **144I145**
Haus_L **126**
Historisches Museum der Stadt Wien **16I17**
Hotel Hilton – Sanierung, Zu- und Umbau **65**
Hörsaalzentrum Universitätscampus **34**

IP.ONE **82**
IP.TWO **110I111**

k-effects **21**
Kindertagesheim der Stadt Wien **151**
Kindertagesheim Frauen-Werk-Stadt **147**
Kirche Donaucity **135**
Konzeptstore PARK **28**
Kunsthalle Wien – project space **18**

Lauder Chabad Campus **47**
LEE Sozialer Wohnbau **84**
Leopold Museum **40**
LOOP Music.Bar **33**

mcs – Büro-, Geschäfts- und Werkstattgebäude **119**
Merkur Brünnerstraße **148**
Messe Wien **51**
Millennium Tower – Zentrum Handelskai **48I49**
Mischek Tower Donaucity **136I137**
Miss Sargfabrik **116**
mo.na **104**
MQ 21 **44**
MQ Point Ticketcenter MuseumsQuartier **41**
MUMOK **39**

ÖBB Stellwerk ZSTW Wien Süd- Ost **81**

parkhouse **117**
Penthouse Bernardgasse **32**
Perfectastraße, Wien Liesing **105**
Prachner Kunstbuchhandlung **42**

Ray 1 **20**
Restaurant Kiang III **64**
RiesenRäderwerk **54I55**
rooftop 02 **127**

Sargfabrik – Wohnheim Matznergasse **115**
Saturn Tower **139**
Schauspielhaus mit S-Bar **36**
SEG Wohnblock Remise **50**
SEG Wohnturm **140I141**
Selbstbau und Selbstbestimmung **77**
SGL single **103**
SI+ **100**
Speditionsgebäude Firma DHL-Danzas **57**
StudentInnenwohnheim Molkereistraße **52**
Studiengebäude Albertina **14**

T-Center St. Marx **68**
Tee-Haus **128I129**
Tower Flughafen Wien **94I95**
Twin Tower **88I89**
twist tower **22**

Um- und Zubau Büro- und Fitnesscenter Hütteldorferstraße **114**
UNIQA Tower **58I59**
Unterirdisches Hallenbad **132I133**

Veranstaltungszentrum Arena und Open-Air-Gelände **69**
Vienna Biocenter 2 **67**
Volksschule Natorpgasse **149**

Wienerberg City **91**
Wiener Urania Generalinstandsetzung **11**
Wien West **113**
Wohnanlage Cassionestraße **142**
Wohnanlage Leopoldauer Straße **143**
Wohnanlage Paulasgasse **76**
Wohnbau Autofabrikstraße **107**
Wohnbau Laubeplatz **85**
Wohnbau Praterstraße **53**
Wohnbau Spittelau **37**
Wohnhausanlage Cobenzlgasse **130**
Wohnhausanlage Laarberg **78**
Wohnhausanlage Linzerstraße **109**
Wohnhausanlage Odeongasse **56**
Wohnhausanlage Rotenmühlgasse **98**
Wohnhaus Himmelstraße 13 **131**
Wohnhaus Lukschandel **123**
Wohnhaus Siccardsburggasse **79**
Wohnpark Neue Donau **138**
Wohn- und Geschäftshaus Perfektastraße **106**
Wohn- und Bürohaus Schlachthausgasse **66**

Yellow **30**

Zentrum Evangelische Kirche Österreich **125**

Architektenregister | Index of architects

AllesWirdGut Architektur ZT GmbH **44, 100** — www.alleswirdgut.cc
archiguards projects ® **97, 126** — www.archiguards.at
Architektur Consult ZT GmbH **68** — www.archconsult.com
ARTEC Architekten **150** — www.artec-architekten.at
Atelier Heiss ZT GmbH **125** — www.atelier-heiss.at

Barz, Mathis **54I55** — www.barz.at
Baumschlager-Eberle GmbH **52, 92, 93** — www.baumschlager-eberle.com
BEHF Ziviltechniker GmbH **9, 30** — www.behf.at
BKK-2 **115** — www.bkk-3.com
BKK-3 **82, 110I111, 116** — www.bkk-3.com
BUS architektur **83, 146** — www.busarchitektur.com

caramel architekten zt gmbh **121** — www.caramel.at
Coop Himmelb(l)au **50, 66, 70I71, 91, 140I141** — www.coop-himmelblau.at

Delugan Meissl Associated Architects **20, 90, 136I137** — www.deluganmeissl.at
Dietrichl Untertrifaller Architekten **19, 36, 112** — www.dietrich.untertrifaller.com
Domenig, Günther **68, 153** — www.archconsult.com
driendl*architects **22** — www.driendl.at

eichinger oder knechtl **15** — www.eok.at
EOOS **29** — www.eoos.com

Feitzinger, Adele **125** — www.feitzingerarchitekten.at
freiTraum **131** — www.freitraum.at
Fuksas, Massimilliano **88I89** — www.fuksas.it

g2plus grabensteiner architecture **33** — www.g2plus.com
Gabler, Christian **125**
Geiswinkler & Geiswinkler Architekten ZT GmbH **75** — www.geiswinkler-geiswinkler.at
Gilbert, M. **117**
Gressenbauer, Horst **77**

Hayde, Dieter **65**
Haydn, Florian **132I133**
henke und schreieck architekten **10, 152**
Hermann & Valentiny u.Partner ZT GmbH **105, 118** — www.hv-wien.at
Hillinger Mayrhofer **80**
hocholdinger.knauer architekten **57**
Hollein, Hans **12, 60I61, 65, 139** — www.hollein.com
HOLODECK.at, breuss + ogertschnig **117, 127** — www.holodeck.at
Holzbauer, Wilhelm **70I71**
Hübner, Stefan K. **63**

Itten Brechbühl AG **92, 93** — www.itten-brechbuehl.ch

Josef Weichenberger_architekten **98** — www.weichenberger.at

kopper architektur **34** — www.kopperarchitektur.at
Krischanitz & Frank ZT GmbH **18, 47** — www.krischanitz.at

Lainer, Rüdiger **72, 114, 130** — www.lainer.at
Lautner, Günter **74** — www.lautner.cc
LIMIT architects **148** — www.limit.at
Lutter, Heinz **35, 99** — www.lutter.at

Manikas, Dimitris **11, 16I17**   www.dimitrismanikas.com
Marterer, Georg **21, 124, 128I129**   www.architekt-marterer.com
Moosmann, Thomas **124**   www.architekt-moosmann.com
Mayr, Ernst **31**

Neumann + Partner,
Architekt Heinz Neumann ZT GmbH **58I59, 139**   www.neumannundpartner.com
Neumann + Steiner ZT GmbH **113**   www.neumann-steiner.at
Nouvel, Jean **70I71, 143**   www.jeannouvel.com

Ortner & Ortner **39, 40**   www.ortner.at

Pauser, A. ZT Gesellschaft für Bauwesen GmbH **73**   www.pauser.at
Peichl und Partner **48I49, 51**   www.peichl-partner.at
Pichler & Traupmann Architekten **101, 144I145**   www.pxt.at
Podrecca, Boris **48I49, 67**
pool Architektur ZT GmbH **102, 119**   www.pool.helma.at
PPAG, Popelka Poduschka **39, 40, 41, 45, 53**   www.ppag.at
Prochazka, Elsa **87, 147**   www.prochazka.at
Prohazka, Rudolf **106**   www.prohazka.at
propeller z **27, 103**   www.propellerz.at

querkraft architekten zt-keg **42, 84, 120, 122**   www.querkraft.at

rainer pirker architeXture **100**   www.rainerpirker.com
RATAPLAN **69, 107**   www.rataplan.at
Richter, Helmut **64**
Riepl Riepl Architekten **81**   www.rieplriepl.com

Sarnitz, August **85**
Schluder / Kastner **151**   www.architecture.at
Schmid & Boese **123**
Schwalm-Theiss, Georg **77, 84**
Schweighofer, Anton **86**
Seidler, Harry & Associates **138**   www.seidler.net.au
Seraji-Bozorgzad, Nasrine **109**
Söhne & Partner Architekten **24I25, 43**   www.soehnepartner.com
SPACE+ **28**   www.spaceplus.at
Steinmayr & Mascher **14**   www.steinmayr-mascher.com
synn architekten **104**   www.synn.at

Tesar, Heinz **135**
the next ENTERprise **132I133**   www.thenextenterprise.at
Treusch, Andreas **149**   www.treusch.at

Wakonig, Martin **32**   www.wakonig.com
Weber, Rudolf F. **48I49**
Wehdorn, Manfred **39, 70I71**   www.wehdorn.at
werkraum_wien **100**   www.werkraumwien.at
Wimmer, Albert **56**
wurnig/kljajic architekten **76, 142**   www.wkarchitekten.at

Zacek, Patricia **79**   www.patricia-zacek.at
Zaha Hadid Architects **37**   www.zaha-hadid.com
Zechner & Zechner ZT GmbH **78, 94I95**   www.zechner.com
zeininger architekten **34, 73**   www.zeininger.at
Zeytinoglu, Arkan **13, 23, 26, 43**   www.arkan.at

Dipl.-Ing. Architekt Mark Steinmetz, Jahrgang 1972, studierte nach einer zweieinhalbjährigen Ausbildung zum technischen Zeichner von 1996 bis 2001 Architektur an der Fachhochschule Lausitz in Cottbus. Während des Studiums arbeitete er in Büros in Italien, Spanien und Österreich. Von 2001 bis 2003 arbeitete er in Architekturbüros in Deutschland und Österreich wie KSP Engel und Zimmermann GmbH, München und Coop Himmelb(l)au, Wien. Seit 2003 ist er mit der Projektkoordination und Projektleitung diverser Projekte in Österreich betraut.

Dipl.-Ing. Architekt Peter Scheifinger, Jahrgang 1948, studierte von 1968 bis 1975 Architektur an der Technischen Universität Wien. Von 1976 bis 1981 arbeitete er als Universitätsassistent an der Technischen Universität Wien. 1981 erfolgte die Gründung des eigenen Architekturbüros. 1986 bis 1992 war er Mitglied des Vorstandes der Kammer der Architekten für Wien, Niederösterreich und Burgenland. Bis 2002 war er Präsident der Bundeskammer der Architekten und Ingenieure Österreichs.

Mark Steinmetz, a graduate architect, born in 1972, studied architecture at the Lausitz University of Applied Science in Cottbus from 1996 until 2001 following a two and a half year apprenticeship as an engineering draughtsman. During his degree course he worked in offices in Italy, Spain and Austria. He worked in architect's offices in Germany and Austria such as KSP Engel and Zimmermann GmbH, Munich and Coop Himmelb(l)au, Vienna from 2001 until 2003. He has been entrusted with the project coordination and project management of diverse projects in Austria since 2003.

Peter Scheifinger, a graduate architect, born in 1948, studied architecture at the Vienna University of Technology from 1968 until 1975. He worked as a university assistant at the Vienna University of Technology from 1976 until 1981 and founded his own architect's office soon afterwards. He was a member of the board of the chamber of architects for Vienna, Lower Austria and Burgenland from 1986 until 1992. He has been the chairman of the Federal Chamber of Austrian Architects and engineers until 2002.

Die Deutsche Bibliothek verzeichnet diese Publikation in der Deutschen Nationalbibliographie; detaillierte bibliografische Daten sind im Internet abrufbar über http://dnb.ddb.de

ISBN 3-935455-94-1

© 2006 by Verlagshaus Braun
www.verlagshaus-braun.de

Redaktion: Franziska Nauck, Mark Steinmetz
Redaktionelle Mitarbeit: Corinna Schroeder
Übersetzung: Fremdspracheninstitut Dresden
Grafikkonzept: Michaela Prinz, Berlin
Grafische Umsetzung: sesam, Wien | www.sesam-architects.com
Umschlaggestaltung: Andreas Langner, Berlin
Umschlagfotos: Uniqa/Bisutti, Wien | Alexander Koller, Wien